AF277764

Subalterno/a
de la Comunidad Autónoma
de Cantabria
(Personal Laboral Grupo 3)

Enero 2025

Curso

MAD360

La diferencia entre aprobar
y sacar plaza

Subalterno/a
(Personal Laboral Grupo 3)

COMUNIDAD AUTÓNOMA DE CANTABRIA

Accede a tu **Curso MAD360** y disfruta de los siguientes recursos:

- Técnicas de Memoria 360.
- MADTEST: Test nivel PRO.
- Temario en formato digital.
- Vídeos.
- Esquemas.
- Planificación de estudio.
- Foro entre opositores hasta la fecha del examen.*
- Recursos y novedades exclusivas.
- Consulta sobre la oposición y el proceso selectivo.
- Actualizaciones legislativas (Boletines Oficiales) hasta 60 días antes de la fecha del examen.*

Para acceder al Curso MAD360** será necesaria la compra de todos los libros para esta especialidad de la edición 2024.

Valida los códigos que encuentras en la última página de tus libros y disfruta de la experiencia MAD360.

Infórmate en: mad.es/registro-campus

NOTA IMPORTANTE:

* Examen de esta categoría profesional correspondiente a la convocatoria publicada en el BOC núm. 234, de 3 de diciembre de 2024, o hasta el 31 de enero de 2026, lo que se cumpla antes.

** El acceso al CURSO MAD360 estará disponible desde enero de 2025 (algunos recursos podrían estar disponibles en fecha posterior). Tendrá una duración de 365 días, desde la validación de códigos, o hasta el 31 de julio de 2026, lo que se cumpla antes.

MAD se reserva el derecho a ampliar dichas fechas.

Subalterno/a
de la Comunidad Autónoma
de Cantabria
(Personal Laboral Grupo 3)

Test del Temario

Autor

TERESA MARÍA TORRES FONSECA
Licenciada en Derecho

JOSÉ LUIS GARRIDO VELA
Licenciado en Derecho

LIDIA MARINA PONCE MARTÍNEZ
Licenciada en Psicología
Máster en Terapia Familiar y de Sistemas

JUAN CARLOS USERO LÓPEZ
Licenciado en Derecho
Funcionario del Cuerpo Superior de Administradores
Generales de la Junta de Andalucía
Consejero Técnico

MAGALÍ RIERA ROCA
Licenciada en Derecho

© 7 Editores Recursos para la Cualificación Profesional y el Empleo, S.L. (7 Editores)
© El autor
Primera edición, enero 2025 (164 páginas)
Derechos de edición reservados a favor de 7 Editores
IMPRESO EN ESPAÑA
Diseño Portada: 7 Editores
Edita: 7 Editores
Avda. San Francisco Javier, 9 · Edificio Sevilla 2 · Planta 11 · Módulos 25-27 · 41018 Sevilla
Teléfono: 954 784 411 · WEB: www.mad.es · e-mail: administracion@7editores.com
ISBN: 978-84-142-9013-2
© "Editorial Mad" y "Eduforma" son nombres comerciales registrados de
7 Editores Recursos para la Cualificación Profesional y el Empleo, S.L.

Índice

TEST DE MATERIAS COMUNES

La Constitución Española de 1978: Título Preliminar. De los Derechos y Deberes fundamentales (Título I)

1. ¿En qué se fundamenta la Constitución Española?

a) En un Estado social y democrático de Derecho.
b) En la indisoluble unidad de la Nación española.
c) En la independencia de los poderes del Estado.
d) En la organización territorial del Estado.

2. Según el artículo 3 de la CE, el castellano es la lengua oficial del Estado y todos los españoles:

a) Tienen el deber de usar y el derecho de conocer el castellano.
b) Tienen el derecho y el deber de conocer el castellano.
c) Tienen el deber de conocer y el derecho de usar el castellano.
d) Tienen el derecho de conocer y usar el castellano.

3. La Constitución Española reconoce y garantiza el derecho a la autonomía:

a) De las nacionalidades que la integran.
b) De las regiones que la integran.
c) De las Comunidades Autónomas que la integran.
d) De las nacionalidades y regiones que la integran.

4. El Preámbulo de la Constitución:

a) Tiene en sí carácter de norma jurídica.
b) Es una declaración de intenciones, destinada a interpretar lo que se quiere alcanzar con el contenido normativo de la Constitución.

c) Se trata de un texto sin fuerza jurídica de obligar.

d) Las respuestas b) y c) son correctas.

5. Señala la respuesta correcta, respecto de la aprobación, ratificación y publicación de la Constitución Española:

a) Aprobada por las Cortes el 31 de octubre de 1978, ratificada por el pueblo en referéndum el 6 de diciembre de 1978 y publicada el 29 de diciembre de 1978.

b) Aprobada por las Cortes el 30 de octubre de 1978, ratificada por el pueblo en referéndum el 16 de diciembre de 1978 y publicada el 27 de diciembre de 1978.

c) Aprobada por las Cortes el 31 de octubre de 1978, ratificada por el pueblo en referéndum el 16 de diciembre de 1978 y publicada el 29 de diciembre de 1978.

d) Aprobada por las Cortes el 10 de octubre de 1978, ratificada por el pueblo en referéndum el 26 de diciembre de 1978 y publicada el 30 de diciembre de 1978.

6. ¿En qué parte de la Carta Magna se establece la exposición de motivos que impulsan la norma constitucional y los objetivos que con ella se pretenden alcanzar?

a) En el Título Preliminar.

b) En el Preámbulo.

c) En el Título I.

d) En el Título II.

7. La Constitución Española fue sancionada por:

a) El Rey.

b) El Presidente del Congreso.

c) Las Cortes Generales.

d) El Presidente del Gobierno.

8. ¿Cuáles de los siguientes españoles de origen pueden ser privados de su nacionalidad?

a) Exclusivamente los miembros de grupos terroristas.

b) Los miembros de grupos terroristas y los que atenten contra el Rey u otro miembro de la Casa Real.

c) Los que atenten contra un miembro de la Familia Real o del Gobierno de la Nación.

d) Ningún español de origen podrá ser privado de su nacionalidad.

9. Según la CE son fundamentos del orden político y la paz social:

a) La dignidad de la persona, los derechos violables que les son inherentes y el respeto a la ley.

b) La dignidad de la persona, el desarrollo limitado de la personalidad y el respeto a la ley.

c) El respeto a la ley, a los reglamentos administrativos y demás disposiciones legales.

d) La dignidad de la persona, los derechos inviolables que le son inherentes, el libre desarrollo de su personalidad, el respeto a la ley y a los derechos de los demás.

10. ¿Cuál de los siguientes es considerado por la CE como uno de los valores superiores del ordenamiento jurídico?

a) La jerarquía normativa.
b) El pluralismo político.
c) La publicidad normativa.
d) La equidad.

11. La forma política del Estado español es:

a) Democracia parlamentaria.
b) Gobierno parlamentario.
c) Monarquía parlamentaria.
d) República democrática.

12. La parte de la CE que regula la estructura de los principales órganos del Estado recibe el nombre de:

a) Parte dogmática.
b) Parte orgánica.
c) Parte estatal.
d) Parte estructural.

13. Según la CE, la soberanía nacional:

a) Corresponde a las Cortes Generales, al estar compuestas por los representantes del pueblo.
b) Corresponde al Rey.
c) Reside en el pueblo español.
d) Corresponde al Gobierno de la Nación elegido directamente por el pueblo.

14. ¿En qué parte de la Carta Magna se señalan los valores superiores del ordenamiento jurídico?

a) En el Preámbulo.
b) En el Título Preliminar.
c) En el Título I.
d) Ninguna respuesta es correcta.

15. ¿Cuál de las siguientes es una de las características de nuestra Constitución de 1978?

a) Consensuada.
b) Corta.

c) Conservadora.
d) Originalidad.

16. Son el fundamento del orden político y de la paz social:

a) El libre desarrollo de la personalidad.
b) Los derechos inviolables que les son inherentes.
c) El respeto a la ley y a los derechos de los demás.
d) Todas las respuestas son correctas.

17. ¿Qué quedará excluido de extradición?

a) Los delitos criminales.
b) Los delitos políticos.
c) Los actos de terrorismo.
d) Ninguno.

18. ¿Qué debe ser democrático, a tenor de lo dispuesto en la Constitución Española, en los sindicatos de trabajadores y las asociaciones empresariales?

a) Su funcionamiento.
b) Su estructura interna.
c) Su funcionamiento y estructura interna.
d) Sus órganos asamblearios.

19. ¿De cuántos Capítulos consta el Título I de la CE de 1978?

a) De tres.
b) De cinco.
c) De dos.
d) De cuatro.

20. El derecho a la propiedad en nuestra Constitución es un Derecho:

a) Inherente a la condición humana.
b) Absoluto.
c) Que está limitado por la función social de la misma.
d) Ninguna de las respuestas anteriores es correcta.

21. Dispone la Carta Magna que todos contribuirán al sostenimiento de los gastos públicos de acuerdo con su capacidad económica mediante un sistema tributario justo inspirado en los principios de:

a) Legalidad y equidad.
b) Igualdad y progresividad.

c) Publicidad y legalidad.
d) Eficacia y sostenibilidad.

22. En virtud del principio de progresividad tributaria:

a) Se implantarán paulatinamente cada vez mayores tributos.
b) Los tipos impositivos serán regresivos.
c) Prima el principio de igualdad en el pago de los tributos.
d) Nada de lo expuesto es cierto.

23. Según la Constitución, el Estado es:

a) Apolítico.
b) Aconfesional.
c) De bienestar social.
d) Federal.

24. El derecho a la vida se consagra en el siguiente artículo de la Constitución:

a) 10.
b) 16.
c) 15.
d) 24.

25. La pena de muerte en España:

a) Ha quedado abolida.
b) Puede aplicarse en cualquier momento.
c) Solo se aplicará, en tiempo de guerra, a los militares.
d) Rige solo en el ámbito civil.

26. La inmediata puesta a disposición judicial derivada del *habeas corpus*, se produce por:

a) Detención ilegal.
b) Prisión ilegal.
c) Prisión preventiva.
d) Detención preventiva.

27. El proceso en el que se enjuicie a un presunto delincuente debe:

a) Ser sumario.
b) No dilatarse.
c) Entorpecer los instrumentos probatorios.
d) Nada de lo anterior es cierto.

28. La entrada en un domicilio en caso de flagrante delito, sin autorización de su titular:

a) Puede dar lugar a la aplicación del *habeas corpus*.
b) Requiere autorización previa de la autoridad judicial.
c) Puede efectuarse en todo momento.
d) No puede realizarse en momento alguno.

29. Cuando, al conocerse la comisión de un delito por una persona, se acude a su domicilio para detenerla:

a) Está obligada a franquear la entrada.
b) Se necesitará autorización judicial para entrar, si no da su consentimiento para ello.
c) Pese a que no dé su consentimiento, se puede entrar.
d) Nada de lo anterior es correcto.

30. La autorización previa para celebrar una manifestación pública:

a) La da el Subdelegado del Gobierno en la Provincia.
b) Es ineludible.
c) Sería inconstitucional.
d) Se da cuando no se prevean alteraciones al orden público, con peligro para personas o bienes.

31. El tipo de sufragio que consagra la Constitución es el:

a) Proporcional.
b) Universal.
c) Censitario.
d) Las respuestas a) y b) son correctas.

32. Además de la no autoinculpación, la Constitución prevé que no se está obligado a declarar sobre un hecho presuntamente delictivo en caso de:

a) Parentesco y afinidad.
b) Cláusula de conciencia.
c) Secreto profesional.
d) Las respuestas a) y b) son correctas.

33. Los Tribunales de Honor están prohibidos respecto de los/la/las:

a) Sindicatos y Organizaciones Profesionales.
b) Administración Civil y Militar.

c) Organizaciones Profesionales y la Administración Civil.
d) Todas las respuestas anteriores son correctas.

34. El secreto profesional, constitucionalmente, sirve para:

a) Ejercer con libertad una profesión titulada.
b) La libertad de creación científica y técnica.
c) No declarar sobre hechos presuntamente delictivos.
d) Todo lo anterior.

35. La fundación de una Internacional Sindical por un sindicato español:

a) Es libre.
b) Está prohibida.
c) Debe plasmarse en un Tratado Internacional.
d) Nada de lo anterior es cierto.

36. El ejercicio del derecho de petición a través de una manifestación ciudadana:

a) No se admite.
b) Se admite en algún caso.
c) Se admite, salvo para los militares.
d) Ni se admite ni se prohíbe.

37. Nuestro sistema tributario ha de ser:

a) Regresivo e igualitario.
b) Progresivo y generalizado.
c) Confiscatorio.
d) Justo y regresivo.

38. Las Fundaciones son:

a) Entidades constituidas para fines de interés general.
b) Administración Corporativa.
c) Entidades privadas con fines de carácter también privado.
d) Asociaciones de personas para conseguir fines de interés general.

39. La asistencia de todo orden a los hijos habidos extraconyugalmente:

a) No está prevista en la Constitución.
b) Es un deber de los padres.
c) Se dispensará por Instituciones de Beneficencia.
d) Se dispensa solo a los que de ellos tengan discapacidad.

40. La especulación urbanística, según la Constitución:

a) Debe evitarse.
b) Está permitida.
c) Genera plusvalías para la colectividad.
d) Pueden hacerla los poderes públicos.

41. No es susceptible de recurso de amparo el derecho a la/de:

a) Sindicación.
b) Investigación científica.
c) Secreto de las comunicaciones.
d) Lo son todos ellos.

42. No es susceptible de recurso de amparo el derecho de:

a) Libertad de cátedra.
b) Negociación colectiva.
c) Manifestación.
d) Huelga.

43. Es susceptible de recurso de amparo el derecho a la/de:

a) Libre sindicación.
b) Petición.
c) Cláusula de conciencia.
d) Lo están todos ellos.

44. Una vez declarado el estado de excepción no se puede suspender el derecho/ libertad de:

a) Huelga.
b) Enseñanza.
c) Adopción de medidas de conflicto colectivo.
d) Libertad de circulación.

45. Durante el estado de excepción, un detenido conserva el derecho de/a:

a) Setenta y dos horas para ser puesto a disposición judicial.
b) Secreto de comunicaciones.
c) Asistencia de Letrado.
d) Ninguno de ellos.

46. Se puede suspender, con motivo de investigaciones relativas a bandas armadas, el derecho de:

a) Huelga.
b) Inviolabilidad del domicilio.
c) Libertad de circulación.
d) Las respuestas b) y c) son correctas.

47. Nuestra Constitución trata de los derechos y deberes fundamentales de los españoles en su Título I, denominado:

a) De los derechos y deberes fundamentales.
b) De los deberes de los españoles.
c) De los derechos de los españoles.
d) De los derechos y deberes principales de los españoles.

48. ¿En qué artículos de nuestra CE se recogen los derechos fundamentales y de las libertades públicas?

a) En los artículos 10 a 43.
b) En los artículos 25 a 38.
c) En los artículos 31 a 45.
d) En los artículos 15 a 29.

Solución al test n.º 1

1. b) En la indisoluble unidad de la Nación española.

2. c) Tienen el deber de conocer y el derecho de usar el castellano.

3. d) De las nacionalidades y regiones que la integran.

4. d) Las respuestas b) y c) son correctas.

5. a) Aprobada por las Cortes el 31 de octubre de 1978, ratificada por el pueblo en referéndum el 6 de diciembre de 1978 y publicada el 29 de diciembre de 1978.

6. b) En el Preámbulo.

7. a) El Rey.

8. d) Ningún español de origen podrá ser privado de su nacionalidad.

9. d) La dignidad de la persona, los derechos inviolables que le son inherentes, el libre desarrollo de su personalidad, el respeto a la ley y a los derechos de los demás.

10. b) El pluralismo político.

11. c) Monarquía parlamentaria.

12. b) Parte orgánica.

13. c) Reside en el pueblo español.

14. b) En el Título Preliminar.

15. a) Consensuada.

16. d) Todas las respuestas son correctas.

17. b) Los delitos políticos.

18. c) Su funcionamiento y estructura interna.

19. b) De cinco.

20. c) Que está limitado por la función social de la misma.

21. b) Igualdad y progresividad.

22. d) Nada de lo expuesto es cierto.

23. b) Aconfesional.

24. c) 15.

25. a) Ha quedado abolida.

26. a) Detención ilegal.

27. b) No dilatarse.

28. c) Puede efectuarse en todo momento.

29. b) Se necesitará autorización judicial para entrar, si no da su consentimiento para ello.

30. c) Sería inconstitucional.

31. b) Universal.

32. c) Secreto profesional.

33. c) Organizaciones Profesionales y la Administración Civil.

34. c) No declarar sobre hechos presuntamente delictivos.

35. a) Es libre.

36. a) No se admite.

37. b) Progresivo y generalizado.

38. a) Entidades constituidas para fines de interés general.

39. b) Es un deber de los padres.

40. a) Debe evitarse.

41. b) Investigación científica.

42. b) Negociación colectiva.

43. d) Lo están todos ellos.

44. b) Enseñanza.

45. c) Asistencia de Letrado.

46. b) Inviolabilidad del domicilio.

47. a) De los derechos y deberes fundamentales.

48. d) En los artículos 15 a 29.

Ley 8/1981, de 30 de diciembre, por la que se aprueba el Estatuto de Autonomía para Cantabria: Título Preliminar; Título I: Instituciones de la Comunidad Autónoma de Cantabria; Título II: Competencias de Cantabria

1. Una condición inexcusable para merecer la condición política de cántabro es:

a) Haber nacido en Cantabria.
b) Ser ciudadano español.
c) Tener ascendientes cántabros.
d) Ninguna de las anteriores lo es.

2. La bandera de Cantabria está formada por dos bandas horizontales:

a) De igual anchura.
b) Siendo la de arriba más ancha que la de abajo.
c) Siendo la de abajo más ancha que la de arriba.
d) Y un círculo en medio en el que se inserta el escudo de la comunidad.

3. La concesión de derechos políticos a las Comunidades Cántabras asentadas fuera del ámbito territorial de la Comunidad:

a) Requiere una Ley Orgánica de las Cortes Generales.
b) Debe ser aprobada por la Comunidad Autónoma de Cantabria.
c) Exige una previa Ley del Parlamento de Cantabria.
d) Está prohibida estatutariamente.

4. Las cuestiones de competencia entre los Tribunales de Cantabria y los del resto de España se resuelven por el:

a) Tribunal Constitucional.
b) Consejo General del Poder Judicial.

c) Tribunal Supremo.
d) Tribunal Superior de Justicia de Cantabria.

5. El Tribunal Superior de Justicia de Cantabria es un órgano:

a) De la Comunidad Autónoma de Cantabria.
b) Supranacional.
c) Del poder judicial.
d) Independiente.

6. No tiene potestad de iniciativa de reforma del Estatuto de Autonomía de Cantabria:

a) El Gobierno.
b) El Presidente de la Comunidad.
c) Un tercio de los miembros del Parlamento.
d) Las Cortes Generales.

7. La responsabilidad penal de los Diputados del Parlamento de Cantabria se atribuye:

a) Al Tribunal Superior de Justicia de Cantabria.
b) Al Juzgado de lo Penal competente.
c) A la Sala de lo Penal del Tribunal Supremo.
d) A los jueces ordinarios predeterminados por la Ley.

8. El Parlamento de Cantabria tiene competencia para:

a) Ejercer la iniciativa legislativa.
b) Plantear la cuestión de confianza al Presidente del Gobierno.
c) Impulsar y controlar la acción política del Gobierno.
d) Todas las respuestas son correctas.

9. La aprobación de los presupuestos de la Comunidad Autónoma de Cantabria corresponde al:

a) Parlamento.
b) Consejero competente.
c) Gobierno.
d) Presidente del Parlamento de Cantabria.

10. El pueblo cántabro está representado en:

a) El Parlamento de Cantabria.
b) El Gobierno.

c) Ambos a la vez.
d) El Senado.

11. Las sesiones del Parlamento de Cantabria pueden ser:

a) Ordinarias.
b) Extraordinarias.
c) Ordinarias y extraordinarias.
d) Ordinarias, urgentes y extraordinarias.

12. Elaborar y aprobar el proyecto de Ley de Presupuestos Generales de la Comunidad Autónoma corresponde:

a) Al Gobierno autonómico.
b) Al Parlamento autonómico.
c) Al Presidente autonómico.
d) Todas las respuestas anteriores son incorrectas.

13. La aprobación del Reglamento del Parlamento de Cantabria precisa:

a) La mayoría absoluta de los Diputados.
b) La mayoría simple de los Diputados.
c) Los 2/3 de los Diputados.
d) Los 3/5 de los Diputados.

14. Son electores y elegibles en las elecciones al Parlamento de Cantabria:

a) Los cántabros mayores de 18 años que estén en el pleno goce de sus derechos políticos.
b) Los cántabros mayores de 18 años, estén o no en el pleno goce de sus derechos políticos.
c) Cualquier ciudadano mayor de 18 años que esté en el pleno goce de sus derechos políticos.
d) Los cántabros menores de 18 años que estén en el pleno goce de sus derechos políticos.

15. ¿En cuál de los siguientes casos los Diputados del Parlamento de Cantabria pueden ser detenidos por la comisión de actos delictivos durante su mandato?

a) En cualquier caso.
b) En caso de flagrante delito.
c) En ningún caso.
d) Cuando así se autorice por el Parlamento de Cantabria.

16. ¿En cuál de los siguientes casos no cabría convocar sesiones extraordinarias del Parlamento de Cantabria?

a) Por el Presidente del Parlamento.
b) A petición de la Diputación Permanente.
c) A petición del Gobierno.
d) A petición de la sexta parte de los Diputados.

17. El reconocimiento del origen cántabro a las comunidades montañesas o cántabras asentadas fuera del ámbito territorial de Cantabria implica:

a) El derecho a colaborar y compartir la vida social y cultural de Cantabria.
b) La concesión de derechos políticos.
c) El ejercicio del derecho de autogobierno que la Constitución reconoce a toda nacionalidad.
d) El deber a cooperar económicamente en la ejecución de actividades culturales.

18. Las leyes aprobadas por el Parlamento de Cantabria se promulgan por:

a) El Rey.
b) El Presidente del Gobierno de Cantabria, en nombre del Rey.
c) El Presidente de las Cortes Generales.
d) El Presidente del Parlamento de Cantabria.

19. ¿En qué plazo se celebran las elecciones al Parlamento de Cantabria una vez expirado el mandato parlamentario?

a) El cuarto domingo de mayo cada cuatro años.
b) Entre los cuarenta y sesenta días posteriores a la expiración del mandato.
c) Entre los treinta y setenta días posteriores a la expiración del mandato.
d) El primer domingo de mayo cada cuatro años.

20. La representación ordinaria del Estado en la Comunidad Autónoma de Cantabria la ostenta:

a) El Presidente de la Comunidad Autónoma.
b) El Delegado del Gobierno.
c) El Presidente del Parlamento de Cantabria.
d) El Rey.

21. Indica en qué casos el Presidente de la Comunidad Autónoma de Cantabria puede delegar permanentemente funciones propias en uno de los Consejeros:

a) En ningún caso.
b) En los casos en que se admita la delegación.

c) En caso de ausencia.
d) En materias administrativas.

22. En el ámbito de las competencias de la Comunidad Autónoma de Cantabria, la petición de informes al Consejo de Estado se suscribe por:

a) El Presidente del Parlamento de Cantabria.
b) El Consejero de Presidencia.
c) El Presidente del Gobierno.
d) El Consejero respectivo.

23. El nombramiento del Presidente de la Comunidad Autónoma de Cantabria corresponde al:

a) Rey.
b) Presidente del Parlamento de Cantabria.
c) Rey, a propuesta del Presidente del Gobierno.
d) Rey, a propuesta del Consejero de Presidencia.

24. La responsabilidad política del Gobierno ante el Parlamento de Cantabria es:

a) Solidaria.
b) Individual de cada Consejero.
c) Mancomunada.
d) Solidaria, sin perjuicio de la responsabilidad directa de cada Consejero por su gestión.

25. El Presidente de la Comunidad Autónoma de Cantabria es responsable político ante:

a) El Parlamento de Cantabria.
b) El Tribunal Supremo.
c) El Gobierno.
d) El Tribunal Superior de Justicia de Cantabria.

26. La publicación del nombramiento del Presidente del Tribunal Superior de Justicia de Cantabria en el «Boletín Oficial de Cantabria» corresponde ordenarlo al:

a) Ministerio de Justicia.
b) Rey, a propuesta del Presidente del Consejo General del Poder Judicial.
c) Presidente de la Comunidad Autónoma de Cantabria.
d) Presidente del Gobierno, a propuesta del Rey.

27. La responsabilidad penal del Presidente de la Comunidad Autónoma de Cantabria por actos cometidos en el ámbito de la Comunidad Autónoma de Cantabria es exigible ante:

a) El Tribunal ordinario legalmente predeterminado.
b) La Sala Segunda del Tribunal Supremo.

c) La Audiencia Nacional.

d) La Sala Cuarta del Tribunal Supremo.

28. La responsabilidad penal de los Consejeros por los delitos cometidos fuera del ámbito territorial de la Comunidad Autónoma de Cantabria es exigible ante:

a) El Tribunal Superior de Justicia de Cantabria.

b) Los jueces ordinarios predeterminados por la Ley.

c) El Juzgado de lo Penal competente por razón del lugar en que se haya cometido el delito.

d) La Sala Tercera del Tribunal Supremo.

29. La adopción de la moción de censura por el Parlamento de Cantabria requiere:

a) La mayoría absoluta de los Diputados.

b) La mayoría simple de los Diputados.

c) Las 2/5 partes de los Diputados.

d) Las 3/5 partes de los Diputados.

30. Indica la mayoría que deberá obtener en segunda votación el candidato a Presidente de la Comunidad Autónoma de Cantabria para ser elegido:

a) Mayoría simple.

b) Mayoría absoluta.

c) Mayoría de 3/5.

d) Ninguna de las anteriores es correcta.

31. Para otorgar la confianza al Presidente de la Comunidad Autónoma de Cantabria es preciso:

a) La mayoría absoluta de los miembros del Parlamento.

b) La mayoría simple de los miembros del Parlamento.

c) Las 2/3 partes de los miembros del Parlamento.

d) Las 3/5 partes de los miembros del Parlamento.

32. El Presidente de la Comunidad Autónoma de Cantabria es elegido por:

a) El Parlamento de entre sus miembros.

b) El Rey, a propuesta del Presidente del Parlamento de Cantabria.

c) El Presidente del Parlamento de Cantabria.

d) Los Consejeros.

33. Indica el número mínimo de diputados que se precisa para plantear una moción de censura en el Parlamento de Cantabria:

a) El 10 % de los Diputados.

b) El 15 % de los Diputados.

c) El 25 % de los Diputados.
d) Ninguna respuesta es correcta.

34. En el ejercicio de las competencias exclusivas de Cantabria corresponde:

a) Al Parlamento la potestad legislativa y al Gobierno la potestad reglamentaria.
b) A las Cortes Generales la potestad legislativa y al Gobierno la potestad reglamentaria.
c) Las potestades legislativa y reglamentaria se atribuyen al Gobierno.
d) Ninguna respuesta es correcta.

35. Le corresponde establecer el orden del día del Parlamento de Cantabria al/a la:

a) El Presidente, oída la Mesa.
b) La Mesa, oída la Junta de Portavoces.
c) La Junta de Portavoces, oído el Presidente.
d) El Pleno del Parlamento.

36. En el supuesto de cese del Presidente del Parlamento de Cantabria por haber perdido su condición de Diputado, se convocará a la Cámara para la elección del nuevo Presidente dentro de:

a) Los siete días siguientes a producirse el hecho determinante del cese.
b) Los diez días siguientes a producirse el hecho determinante del cese.
c) Los quince días siguientes a producirse el hecho determinante del cese.
d) Los veinte días siguientes a producirse el hecho determinante del cese.

37. La Comunidad Autónoma de Cantabria no tiene competencia exclusiva en:

a) Estadísticas para fines de la Comunidad Autónoma.
b) Puertos, aeropuertos y helipuertos que no tengan la calificación de interés general del Estado.
c) Régimen minero y energético.
d) Régimen local.

38. La pesca en aguas interiores es una competencia de la comunidad:

a) Ejecutiva.
b) Sanitaria.
c) Legislativa y ejecutiva.
d) Exclusiva.

39. Indica las potestades que se atribuyen a la Comunidad Autónoma de Cantabria:

a) La potestad expropiatoria.
b) Las potestades de deslinde, investigación y recuperación.

c) La potestad sancionadora.
d) Todas las respuestas son correctas.

40. Las funciones ejecutivas y administrativas de la Comunidad Autónoma de Cantabria son ejercidas por:

a) El Gobierno.
b) El Presidente del Gobierno.
c) Los Consejeros.
d) Los Vicepresidentes.

41. ¿En cuál de las siguientes materias tiene competencia exclusiva la Comunidad Autónoma de Cantabria?

a) Propiedad intelectual e industrial.
b) Ferias internacionales que se celebren en Cantabria.
c) Expropiación forzosa.
d) Promoción y tutela de menores.

42. La materia de espectáculos públicos es una competencia de la Comunidad Autónoma de Cantabria:

a) Exclusiva.
b) Ejecutiva.
c) De desarrollo legislativo y ejecutivo.
d) De desarrollo legislativo.

43. La organización y estructura de los organismos autónomos de la Comunidad Autónoma de Cantabria es competencia de esta de forma:

a) Exclusiva.
b) Ejecutiva.
c) Organizativa.
d) Administrativa.

44. Indica el carácter de la competencia de la Comunidad Autónoma de Cantabria en materia de pesas, medidas y contraste de metales:

a) Exclusiva.
b) De ejecución.
c) De desarrollo legislativo y ejecución.
d) Ninguna respuesta es correcta.

45. Indica si las Cortes Generales en materia de competencia estatal pueden atribuir a las Comunidades Autónomas la facultad de dictar normas legislativas:

a) Sí, por medio de una ley de bases.
b) Sí, por medio de una ley marco.

c) Sí, por medio de una ley de armonización.
d) Sí, por medio de una ley de transferencia.

46. En la Comunidad Autónoma de Cantabria la competencia de ordenación del sector pesquero es:

a) Ejecutiva.
b) Exclusiva.
c) De desarrollo legislativo y ejecutivo.
d) De desarrollo legislativo.

47. El esquema competencial atribuido a la Comunidad Autónoma de Cantabria puede verse incrementado por los mecanismos complementarios previstos en el artículo 27 del EAC:

a) Transcurridos cinco años desde que el acuerdo del Parlamento cántabro aprobó la asunción de nuevas competencias.
b) Por atribución de las Cortes Generales de materias competencia exclusiva del Estado.
c) Mediante transferencia o delegación del Estado en virtud de Ley Orgánica.
d) Todas las anteriores.

48. El Defensor del Pueblo podrá supervisar la actividad de la Administración:

a) Siempre y cuando lo autorice el Presidente de la Diputación.
b) Dando cuenta al Parlamento cántabro.
c) Bajo la supervisión del Gobierno cántabro, que habrá de votarlo por mayoría absoluta.
d) Ninguna es correcta.

49. ¿Cuál de las siguientes no es una potestad o privilegio de la que goce la Comunidad Autónoma de Cantabria?

a) La legitimidad de sus actos.
b) La irrecurribilidad de sus resoluciones.
c) La inembargabilidad de sus bienes.
d) La exención de prestar caución ante los Tribunales de Justicia.

50. Para el ejercicio de la competencia de vigilancia y protección de sus edificios e instalaciones la Comunidad Autónoma de Cantabria podrá:

a) Contratar seguridad privada.
b) Ejercerla mediante Policía Local.
c) Convenir con el Estado la adscripción de una unidad del Cuerpo Nacional de Policía.
d) Cedérselo a la Ertzaintza.

Solución al test n.º 2

1. b) Ser ciudadano español.

2. a) De igual anchura.

3. d) Está prohibida estatutariamente.

4. c) Tribunal Supremo.

5. c) Del poder judicial.

6. b) El Presidente de la Comunidad.

7. d) A los jueces ordinarios predeterminados por la Ley.

8. d) Todas las respuestas son correctas.

9. a) Parlamento.

10. a) El Parlamento de Cantabria.

11. c) Ordinarias y extraordinarias.

12. a) Al Gobierno autonómico.

13. a) La mayoría absoluta de los Diputados.

14. a) Los cántabros mayores de 18 años que estén en el pleno goce de sus derechos políticos.

15. b) En caso de flagrante delito.

16. d) A petición de la sexta parte de los Diputados.

17. a) El derecho a colaborar y compartir la vida social y cultural de Cantabria.

18. b) El Presidente del Gobierno de Cantabria, en nombre del Rey.

19. a) El cuarto domingo de mayo cada cuatro años.

20. a) El Presidente de la Comunidad Autónoma.

21. a) En ningún caso.

22. c) El Presidente del Gobierno.

23. a) Rey.

24. d) Solidaria, sin perjuicio de la responsabilidad directa de cada Consejero por su gestión.

25. a) El Parlamento de Cantabria.

26. c) Presidente de la Comunidad Autónoma de Cantabria.

27. b) La Sala Segunda del Tribunal Supremo.

28. b) Los jueces ordinarios predeterminados por la Ley.

29. a) La mayoría absoluta de los Diputados.

30. a) Mayoría simple.

31. b) La mayoría simple de los miembros del Parlamento.

32. a) El Parlamento de entre sus miembros.

33. b) El 15% de los Diputados.

34. a) Al Parlamento la potestad legislativa y al Gobierno la potestad reglamentaria.

35. b) La Mesa, oída la Junta de Portavoces.

36. d) Los veinte días siguientes a producirse el hecho determinante del cese.

37. c) Régimen minero y energético.

38. d) Exclusiva.

39. d) Todas las respuestas son correctas.

40. a) El Gobierno.

41. d) Promoción y tutela de menores.

42. a) Exclusiva.

43. a) Exclusiva.

44. b) De ejecución.

45. b) Sí, por medio de una ley marco.

46. c) De desarrollo legislativo y ejecutivo.

47. c) Mediante transferencia o delegación del Estado en virtud de Ley Orgánica.

48. b) Dando cuenta al Parlamento cántabro.

49. b) La irrecurribilidad de sus resoluciones.

50. c) Convenir con el Estado la adscripción de una unidad del Cuerpo Nacional de Policía.

Ley de Cantabria 2/2019, de 7 de marzo, para la igualdad efectiva entre mujeres y hombres. Título Preliminar: Disposiciones Generales. Título I: Competencias, funciones, coordinación y financiación

1. ¿Qué Ley de Cantabria tiene por objeto hacer efectivo el derecho de igualdad de trato y oportunidades entre mujeres y hombres para lograr una sociedad igualitaria?

a) La Ley 7/1985, de 2 de abril.
b) La Ley 3/2018, de 28 de mayo.
c) La Ley 2/2019, de 7 de marzo.
d) La Ley de Cantabria 3/1997, de 26 de mayo.

2. ¿A qué Administración corresponde conforme al artículo 6 de la Ley 2/2019, de 7 de marzo, ejecutar medidas de acción positiva en el ámbito local?

a) A todas las Administraciones Públicas.
b) A la Administración autonómica.
c) A los municipios y demás entidades locales.
d) A la Administración Central.

3. ¿A quién corresponde el impulso, asesoramiento, planificación, control y evaluación de las políticas de igualdad entre mujeres y hombre en el ámbito de la Comunidad Autónoma de Cantabria?

a) A la Presidencia de la Comunidad.
b) A la Consejería de Presidencia, Justicia, Seguridad y Simplificación Administrativa.
c) A la Asamblea Regional de Cantabria.
d) A la Consejería de Inclusión Social, Juventud, Familias e Igualdad.

4. ¿Cuál de los siguientes principios no se encuentra entre los establecidos como principios generales en la Ley de Cantabria 2/2019, de 7 de marzo, para la igualdad efectiva entre mujeres y hombres?

a) El reconocimiento y protección de la maternidad biológica o no biológica como una función social necesaria para toda la sociedad.
b) El impulso de la efectividad del principio de igualdad en las relaciones entre particulares.

c) La participación y representación prioritaria de mujeres en los distintos órganos de representación o de toma de decisiones.

d) La implantación en el ámbito administrativo de un lenguaje no sexista en toda la documentación escrita, gráfica y audiovisual.

5. ¿Cuál es el órgano colegiado adscrito a la Consejería competente en materia de igualdad de género, destinado a detectar, analizar y proponer estrategias para corregir situaciones de desigualdad entre mujeres y hombres en la Comunidad Autónoma de Cantabria?

a) La Comisión para la integración de la perspectiva de género en los Presupuestos de la Comunidad Autónoma de Cantabria.

b) La Comisión para la Igualdad de Género.

c) El Observatorio de Igualdad de Género.

d) El Consejo Regional de Igualdad.

6. ¿Cuál es el órgano colegiado permanente para la integración de la perspectiva de género en el proceso presupuestario de los diferentes órganos de la Comunidad Autónoma de Cantabria?

a) La Comisión para la integración de la perspectiva de género en los Presupuestos de la Comunidad Autónoma de Cantabria.

b) La Comisión para la Igualdad de Género.

c) El Comité para la integración de la perspectiva de género en los Presupuestos de la Comunidad Autónoma de Cantabria.

d) El Consejo para la integración de la perspectiva de género en los Presupuestos de la Comunidad Autónoma de Cantabria.

7. Señala uno de los principios generales que rigen y orientan la actuación de los poderes públicos en el marco de sus competencias para la consecución de los fines de la Ley 2/2019, de 7 de marzo:

a) El empoderamiento de las mujeres y su participación en todas las políticas y acciones públicas, así como la eliminación de roles sociales y de estereotipos de género.

b) La participación y representación equilibrada de mujeres y hombres en los distintos órganos de representación o de toma de decisiones.

c) La integración transversal de la perspectiva de género en todas las políticas y acciones públicas.

d) Todas las respuestas son correctas.

8. La evaluación continuada de las políticas de igualdad de género y de la incorporación de la perspectiva de género en el conjunto de las actuaciones de la Administración de la Comunidad Autónoma, sector público institucional y del grado de cumplimiento de la Ley 2/2019, es una competencia de:

a) La Dirección General de Inclusión Social, Familias e Igualdad.

b) El Consejo de la Mujer.

c) El Observatorio de Igualdad de Género.
d) La Comisión para la Igualdad de Género.

9. La Ley 2/2019, de 7 de marzo, será de aplicación a:

a) A todas las entidades que realicen actividades de educación o de enseñanza superior en Cantabria financiadas con fondos públicos.
b) Al personal al servicio de la Administración de Justicia.
c) A la Administración de la Comunidad Autónoma de Cantabria así como a todas las entidades que conforman el sector público de la Comunidad Autónoma de Cantabria.
d) Todas las respuestas son correctas.

10. Los principios generales establecidos en la Ley de Cantabria 2/2019, de 7 de marzo, para la igualdad efectiva entre mujeres y hombres, según establece su artículo 3.1, regirán y orientarán:

a) La actuación de los poderes públicos en el marco de sus competencias.
b) La actuación de las personas físicas y jurídicas, sean públicas o privadas.
c) La actuación de la sociedad en su conjunto.
d) La actuación de todos los ciudadanos de Cantabria.

11. ¿Cuál es actualmente el órgano coordinador de las políticas de transversalidad de género y las políticas de acción positiva a favor de las mujeres en Cantabria?

a) La Dirección General de Igualdad, Justicia y Mujer.
b) La Dirección General de Políticas de Igualdad y Promoción de la Mujer.
c) La Dirección General de Inclusión Social, Familias e Igualdad.
d) La Dirección General de Igualdad, Políticas Sociales y Conciliación.

12. Señala una de las funciones de la Dirección General de Inclusión Social, Familias e Igualdad:

a) Apoyo a la adecuación y creación de estructuras, programas y procedimientos para integrar la perspectiva de género en su actividad administrativa.
b) Realización de estudios e investigaciones sobre la situación de mujeres y hombres desde la perspectiva de género.
c) Desarrollar programas que fomenten la autonomía personal y económica de las mujeres e impulsar el empleo femenino.
d) Todas las respuestas son correctas.

13. ¿A quién corresponde elaborar, en los términos que se establezcan reglamentariamente, un informe sobre el conjunto de las actuaciones puestas en marcha por la Administración de la Comunidad Autónoma, en relación con la efectividad del principio de igualdad entre mujeres y hombres que se presentará al Parlamento de Cantabria?

a) A la Consejería competente en materia de igualdad de género.
b) A la Dirección General de Inclusión Social, Familias e Igualdad.

c) Al Instituto Cántabro de Estadística.

d) Al Consejo de la Mujer.

14. ¿Cuál es, a tenor del artículo 9 de la Ley 2/2019, el órgano colegiado y permanente de apoyo a la integración del principio de igualdad y de la perspectiva de género en las actuaciones del Gobierno de Cantabria, incluida tanto la Administración General como la Institucional, en el marco de la Estrategia de Mainstreaming de Género del Gobierno de Cantabria?

a) La Consejería de Inclusión Social, Juventud, Familias e Igualdad.

b) El Observatorio de Igualdad de Género.

c) El Consejo de la Mujer.

d) La Comisión para la Igualdad de Género del Gobierno de Cantabria.

15. La Ley de Cantabria 2/2019, de 7 de marzo, para la Igualdad Efectiva entre Mujeres y Hombres, se aplica a:

a) La actividad administrativa del Parlamento de Cantabria.

b) Las entidades privadas que suscriban contratos o convenios de colaboración o sean beneficiarias de las ayudas o subvenciones que conceda la Administración de la Comunidad Autónoma de Cantabria así como todas las entidades que conforman el sector público de la Comunidad Autónoma de Cantabria.

c) Las entidades que integran la Administración Local, sus organismos autónomos, consorcios, fundaciones y demás entidades con personalidad jurídica propia en los que sea mayoritaria la representación directa de dichas entidades, en el marco de la legislación básica que les resulte de aplicación y conforme al principio constitucional de autonomía local.

d) Todas las respuestas son correctas.

16. ¿Cómo se denomina el órgano colegiado de participación, representación y consulta en el ámbito de la Comunidad Autónoma de Cantabria?

a) Consejo de la Mujer.

b) Consejo Regional de Igualdad.

c) Comisión para la Igualdad de Género.

d) Observatorio de Igualdad de Género.

17. ¿A qué Administración corresponde conforme al artículo 6 de la Ley 2/2019, de 7 de marzo, facilitar la formación en materia de igualdad para el personal al servicio de la Administración local?

a) A todas las Administraciones Públicas.

b) A la Administración autonómica.

c) A los municipios y demás entidades locales.

d) A la Administración Central.

18. La investigación y detección de situaciones de discriminación por razón de sexo, adopción de medidas para su erradicación y tramitación de los procedimientos sancionadores correspondientes, es una competencia de:

a) La Dirección General de Inclusión Social, Familias e Igualdad.
b) El Consejo de la Mujer.
c) El Observatorio de Igualdad de Género.
d) La Comisión para la Igualdad de Género.

19. ¿Qué norma regula la composición, funciones y régimen de organización y funcionamiento del Consejo de la Mujer de Cantabria?

a) La Ley 2/2019, de 7 de marzo.
b) El Decreto 177/2015, de 9 de abril.
c) El Decreto 88/2018, de 25 de octubre de 2018.
d) La Ley 3/2018, de 28 de mayo.

20. En cada Consejería, el nombramiento de titulares de sus órganos directivos, deberá contemplar el principio de:

a) Igualdad.
b) Representación equilibrada de hombres y mujeres.
c) No discriminación sexista.
d) Proporcionalidad en el nombramiento de mujeres y hombres.

21. Señala uno de los principios generales que rigen y orientan la actuación de los poderes públicos en el marco de sus competencias para conseguir los fines de la Ley 2/2019:

a) La adopción de medidas que garanticen la igualdad en lo que se refiere al acceso al empleo, a la formación, a la promoción profesional, a la igualdad salarial y a las condiciones laborales.
b) La erradicación de la violencia de género poniendo en marcha sistemas de información, protección y acompañamiento a todas las mujeres víctimas, facilitando la colaboración y coordinación con todos los agentes implicados en la materia.
c) El impulso de la efectividad del principio de igualdad en las relaciones entre particulares.
d) Todas las respuestas son correctas.

22. ¿A qué Administración corresponde conforme al artículo 6 de la Ley 2/2019, de 7 de marzo, contribuir y colaborar en la erradicación de las desigualdades y las explotaciones de las mujeres en todos los ámbitos locales de intervención?

a) A todas las Administraciones Públicas.
b) A la Administración autonómica.

c) A los municipios y demás entidades locales.
d) A la Administración Central.

23. ¿A quién le corresponde la asistencia técnica especializada en materia de igualdad entre mujeres y hombres a las diferentes Consejerías, así como al resto de las Administraciones públicas de Cantabria y al resto de los poderes públicos, y a todas las personas físicas y jurídicas?

a) A la Dirección General de Inclusión Social, Familias e Igualdad.
b) Al Consejo de la Mujer.
c) Al Observatorio de Igualdad de Género.
d) A la Comisión para la Igualdad de Género.

24. La Comisión para la integración de la perspectiva de género en los Presupuestos de la Comunidad Autónoma de Cantabria se encuentra adscrita a:

a) A la Consejería de Presidencia, Interior, Justicia y Acción Exterior.
b) A la Asamblea Regional de Cantabria.
c) La Consejería de Economía, Hacienda, Financiación Autonómica y Fondos Europeos.
d) A la Presidencia de la Comunidad.

25. ¿Cuál es el órgano colegiado de participación, representación y consulta en todas aquellas materias y políticas que afecten a los derechos e intereses de las mujeres cántabras, tanto en las políticas de igualdad de género, como en las políticas públicas globales incluyendo la perspectiva de género, en el ámbito de la Comunidad Autónoma de Cantabria?

a) El Instituto Cántabro de Estadística.
b) El Consejo de la Mujer de Cantabria.
c) La Comisión para la Igualdad de Género.
d) El Observatorio de Igualdad de Género.

Solución al test n.º 3

1. c) La Ley 2/2019, de 7 de marzo.

2. c) A los municipios y demás entidades locales.

3. d) A la Consejería de Inclusión Social, Juventud, Familias e Igualdad.

4. c) La participación y representación prioritaria de mujeres en los distintos órganos de representación o de toma de decisiones.

5. c) El Observatorio de Igualdad de Género.

6. a) La Comisión para la integración de la perspectiva de género en los Presupuestos de la Comunidad Autónoma de Cantabria.

7. d) Todas las respuestas son correctas.

8. a) La Dirección General de Inclusión Social, Familias e Igualdad.

9. d) Todas las respuestas son correctas.

10. a) La actuación de los poderes públicos en el marco de sus competencias.

11. c) La Dirección General de Inclusión Social, Familias e Igualdad.

12. d) Todas las respuestas son correctas.

13. a) A la Consejería competente en materia de igualdad de género.

14. d) La Comisión para la Igualdad de Género del Gobierno de Cantabria.

15. d) Todas las respuestas son correctas.

16. a) Consejo de la Mujer.

17. c) A los municipios y demás entidades locales.

18. a) La Dirección General de Inclusión Social, Familias e Igualdad.

19. c) El Decreto 88/2018, de 25 de octubre de 2018.

20. b) Representación equilibrada de hombres y mujeres.

21. d) Todas las respuestas son correctas.

22. c) A los municipios y demás entidades locales.

23. a) A la Dirección General de Inclusión Social, Familias e Igualdad.

24. c) La Consejería de Economía, Hacienda, Financiación Autonómica y Fondos Europeos.

25. b) El Consejo de la Mujer de Cantabria.

TEST N.º 4

El Real Decreto Legislativo 5/2015, de 30 de octubre, por el que se aprueba el Texto Refundido de la Ley del Estatuto Básico del Empleado Público: Título I: Objeto y ámbito de aplicación; Título II: Personal al servicio de las Administraciones Públicas; Título III: Capítulo I: (Derechos de los empleados públicos). Capítulo V: (Derecho a la jornada de trabajo, permisos y vacaciones). Capítulo VI (Deberes de los empleados públicos. Código de conducta). Título VII: Régimen disciplinario

1. El vigente texto refundido de la Ley del Estatuto Básico del Empleado Público (EBEP) fue aprobado por:

a) Real Decreto Legislativo 5/2015, de 30 de octubre.
b) Real Decreto Legislativo 2/2015, de 23 de octubre.
c) Real Decreto Legislativo 3/2015, de 23 de octubre.
d) Real Decreto Legislativo 6/2015, de 30 de octubre.

2. El EBEP contiene:

a) Aquello que es común al conjunto de los empleados públicos de todas las Administraciones Públicas.
b) Las normas legales específicas aplicables a los empleados públicos de todas las Administraciones Públicas.
c) Aquello que es común al conjunto de los funcionarios de todas las Administraciones Públicas, más las normas legales específicas aplicables al personal laboral a su servicio.
d) Aquello que es común al conjunto del personal laboral de todas las Administraciones Públicas, más las normas legales específicas aplicables al personal funcionario a su servicio.

3. Para todo el personal de las Administraciones Públicas no incluido en su ámbito de aplicación, el EBEP tendrá carácter:

a) Consultivo.
b) Voluntario.
c) Supletorio.
d) Interpretativo.

4. Según el artículo 1.3 del Texto Refundido de la Ley del Estatuto Básico del Empleado Público, uno de los fundamentos de actuación reflejados por el EBEP es:

a) La igualdad de trato entre mujeres y hombres.
b) La prevención de riesgos laborales.
c) La protección de datos de carácter personal.
d) La equiparación salarial entre Administraciones Públicas.

5. El artículo 1.3 del EBEP, refleja como un fundamento de actuación el servicio a los ciudadanos y a:

a) Los intereses generales.
b) Los derechos y libertades de los ciudadanos.
c) Las Administraciones Públicas.
d) La Ley y el Derecho.

6. Según el artículo 8 del Texto Refundido de la Ley del Estatuto Básico del Empleado Público, aprobado por el Real Decreto Legislativo 5/2015, de 30 de octubre, son empleados públicos quienes desempeñan funciones ………….. en las Administraciones Públicas al servicio de los intereses generales. Señala la palabra que falta en la anterior frase:

a) Directivas.
b) Exclusivas.
c) Administrativas.
d) Retribuidas.

7. Basándonos en el artículo 8 del Texto Refundido de la Ley del Estatuto Básico del Empleado Público, no es una clase de empleado público:

a) Funcionario de carrera.
b) Personal laboral.
c) Funcionario interino.
d) Funcionario eventual.

8. Es una característica de la figura del funcionario de carrera:

a) Presta sus servicios en virtud de un contrato de trabajo formalizado por escrito.
b) Realiza en exclusiva funciones expresamente calificadas como de confianza o asesoramiento especial.
c) Relación regulada por el Derecho Laboral.
d) Desempeño de servicios profesionales retribuidos de carácter permanente.

9. Podrá nombrarse personal funcionario interino por exceso o acumulación de tareas:

a) Por plazo máximo de nueve meses, dentro de un periodo de dieciocho meses.
b) Por un plazo mínimo de 3 meses y máximo de 1 año.

c) Por un plazo máximo de 3 años, ampliable hasta doce meses más por las leyes de Función Pública que se dicten en desarrollo del TR-LEBEP.

d) Por plazo máximo de doce meses, dentro de un periodo de dieciocho meses.

10. Es personal eventual el que, en virtud de nombramiento y con carácter no permanente, solo realiza funciones expresamente calificadas como de confianza o:

a) Representación política.

b) Asesoramiento especial.

c) Gran responsabilidad.

d) Dirección delegada.

11. En relación con el personal directivo, el EBEP establece que:

a) Su designación atenderá a principios de mérito y capacidad.

b) Su designación atenderá a criterios de eficacia y eficiencia.

c) La determinación de sus condiciones de empleo serán objeto de negociación colectiva.

d) Cuando el personal directivo reúna la condición de funcionario estará sometido a la relación laboral de carácter especial de alta dirección.

12. La designación de personal directivo en las Administraciones Públicas atenderá a criterios de:

a) Mérito y capacidad.

b) Publicidad y concurrencia.

c) Idoneidad.

d) Antigüedad y buen comportamiento.

13. A tenor del artículo 14 del EBEP los empleados públicos tienen derecho:

a) A la inamovilidad en la condición de funcionario de carrera.

b) A la formación continua y a la actualización permanente de sus conocimientos y capacidades profesionales, preferentemente fuera del horario laboral.

c) A la libertad de expresión, sin restricción alguna.

d) A participar en la consecución de los objetivos atribuidos a la unidad donde preste sus servicios y a ser consultado por sus superiores por las tareas a desarrollar.

14. Conforme al EBEP, los funcionarios públicos tendrán un permiso por enfermedad grave de un familiar dentro del primer grado de consanguinidad o afinidad, de:

a) Tres días naturales.

b) Tres días hábiles.

c) Cinco días naturales.

d) Cinco días hábiles.

15. En el permiso de 16 semanas del progenitor diferente de la madre biológica por nacimiento, guarda con fines de adopción, acogimiento o adopción de un hijo o hija, serán en todo caso de descanso obligatorio:

a) Las seis semanas inmediatas posteriores al hecho causante.
b) Las tres semanas inmediatas posteriores al hecho causante.
c) Los quince días inmediatos posteriores al hecho causante.
d) Las cuatro semanas inmediatas posteriores al hecho causante.

16. Señala la respuesta correcta en relación con los Empleados Públicos:

a) Podrán voluntariamente acatar la Constitución y el resto de normas que integran el ordenamiento jurídico.
b) Podrán abstenerse en aquellos asuntos en los que tengan un interés personal.
c) Su actuación perseguirá la satisfacción de los intereses del Gobierno.
d) Guardarán secreto de las materias clasificadas.

17. Según el artículo 52 del EBEP, los empleados públicos deberán velar por los intereses generales con sujeción y observancia:

a) De la Constitución y del resto del ordenamiento jurídico.
b) Del EBEP y de sus normas de desarrollo.
c) Del Derecho.
d) De los principios generales.

18. La potestad disciplinaria se ejercerá de acuerdo, entre otros, con el principio de:

a) Irretroactividad de las disposiciones sancionadoras favorables al presunto infractor.
b) Proporcionalidad aplicable a las sanciones pero no a la clasificación de las faltas.
c) Presunción de culpabilidad en el caso del personal directivo.
d) Legalidad y tipicidad de las faltas y sanciones, a través de la predeterminación normativa y, en el caso del personal laboral, de los convenios colectivos.

19. Se considera falta muy grave de los empleados públicos:

a) El incumplimiento del deber de respeto a la Constitución y a los respectivos Estatutos de Autonomía de las Comunidades Autónomas en el ejercicio de la función pública.
b) El abuso de autoridad en el desempeño de sus funciones.
c) La tolerancia por los superiores jerárquicos de la comisión de faltas muy graves del personal bajo su dependencia.
d) Las acciones u omisiones dirigidas a evadir los sistemas de control de horarios o a impedir que sean detectados los incumplimientos injustificados de la jornada de trabajo.

20. Las faltas disciplinarias muy graves prescriben:

a) Al año.
b) A los 3 años.
c) A los 5 años.
d) No prescriben mientras no se extinga la condición de personal funcionario de carrera.

21. El abandono del servicio, así como no hacerse cargo voluntariamente de las tareas o funciones que tienen encomendadas se considerará:

a) Falta leve.
b) Falta grave.
c) Falta muy grave.
d) Falta grave o muy grave.

22. Según el artículo 97 del EBEP, las sanciones impuestas por faltas leves prescribirán:

a) A los 6 meses.
b) Al año.
c) A los 2 años.
d) A los 3 años.

23. Según el artículo 98 del EBEP, el procedimiento disciplinario que se establezca en el desarrollo del Estatuto se estructurará atendiendo a los principios de eficacia, celeridad y:

a) Transparencia.
b) Presunción de inocencia.
c) Legalidad.
d) Economía procesal.

24. Las sanciones disciplinarias se ejecutarán según los términos de la resolución en que se imponga, y en el plazo máximo, salvo que, cuando por causas justificadas, se establezca otro distinto en dicha resolución, de:

a) 15 días.
b) 1 mes.
c) 3 meses.
d) 6 meses.

25. El incumplimiento de lo dispuesto en las normas sobre compatibilidad cuando ello dé lugar a una situación de incompatibilidad se considerará:

a) Falta leve.
b) Falta grave.
c) Falta muy grave.
d) Falta grave o muy grave.

Solución al test n.º 4

1. a) Real Decreto Legislativo 5/2015, de 30 de octubre.

2. c) Aquello que es común al conjunto de los funcionarios de todas las Administraciones Públicas, más las normas legales específicas aplicables al personal laboral a su servicio.

3. c) Supletorio.

4. a) La igualdad de trato entre mujeres y hombres.

5. a) Los intereses generales.

6. d) Retribuidas.

7. d) Funcionario eventual.

8. d) Desempeño de servicios profesionales retribuidos de carácter permanente.

9. a) Por plazo máximo de nueve meses, dentro de un periodo de dieciocho meses.

10. b) Asesoramiento especial.

11. a) Su designación atenderá a principios de mérito y capacidad.

12. c) Idoneidad.

13. a) A la inamovilidad en la condición de funcionario de carrera.

14. d) Cinco días hábiles.

15. a) Las seis semanas inmediatas posteriores al hecho causante.

16. d) Guardarán secreto de las materias clasificadas.

17. a) De la Constitución y del resto del ordenamiento jurídico.

18. d) Legalidad y tipicidad de las faltas y sanciones, a través de la predeterminación normativa y, en el caso del personal laboral, de los convenios colectivos.

19. a) El incumplimiento del deber de respeto a la Constitución y a los respectivos Estatutos de Autonomía de las Comunidades Autónomas en el ejercicio de la función pública.

20. b) A los 3 años.

21. c) Falta muy grave.

22. b) Al año.

23. d) Economía procesal.

24. b) 1 mes.

25. c) Falta muy grave.

VIII Convenio Colectivo para el personal laboral al Servicio de la Administración de la Comunidad de Cantabria: Título I: Objeto y ámbito de aplicación; Título II: Organización del Trabajo; Título III: Provisión de Vacantes, Selección de Personal y Contratación; Título IV: Formación y Perfeccionamiento del personal; Título V: Clasificación Profesional; Título XIII: Salud laboral

1. Se incluye en el ámbito de aplicación del VIII Convenio Colectivo para el personal laboral al Servicio de la Administración de la Comunidad de Cantabria:

a) El personal eventual.
b) El personal laboral del Servicio Cántabro de Salud.
c) El personal de alta dirección.
d) El personal laboral de la Agencia Cántabra de Administración Tributaria.

2. ¿De cuántos miembros se compone la *Comisión de Interpretación, Estudio, Seguimiento y Aplicación* (CIESA) del VIII Convenio?

a) 8.
b) 12.
c) 14.
d) 16.

3. Los acuerdos de la CIESA deberán adoptarse:

a) Por la mayoría simple de sus miembros.
b) Por más del 50 por 100 de cada una de las dos representaciones de la Comisión.
c) Al menos por 8 de sus miembros.
d) Por la totalidad de sus miembros.

4. La *Subcomisión para la Igualdad* que velará en el ámbito del VIII Convenio por el desarrollo y cumplimiento de la legislación para la igualdad, se compone de:

a) 8 miembros.
b) 10 miembros.

c) 12 miembros.

d) Un representante de cada una de las Organizaciones Sindicales con representación en el Comité de Empresa e igual número de representantes de la Administración.

5. Señala la opción incorrecta. Con la natural adaptación que impongan las características de la actividad a realizar en los diferentes Centros y Servicios, la organización práctica del trabajo habrá de encaminarse a la consecución de diversos fines. Señala la opción incorrecta:

a) Aumento de la eficacia en la prestación de los servicios sin detrimento de la humanización del trabajo.

b) Fomento de la participación de los trabajadores.

c) Mejora de las condiciones de trabajo de los trabajadores.

d) Simplificación del trabajo y mejora de los métodos.

6. El personal afectado por el ámbito del VIII Convenio tendrá opción de .... en la Administración General de la Comunidad Autónoma de Cantabria, sus Organismos Públicos y Entidades de Derecho Público para el supuesto de transferencias a empresas privadas. Señala la palabra que falta:

a) Mejora.

b) Permanencia.

c) Excedencia.

d) Permuta.

7. ¿Qué porcentaje de las plazas objeto de Oferta de Empleo Público, reserva el VIII Convenio, en su artículo 7.2, para personas con discapacidad?

a) No inferior al 3 %.

b) No inferior al 5 %.

c) No inferior al 7 %.

d) No inferior al 10 %.

8. Según el artículo 8 del VIII Convenio, el trabajador que solicite el reingreso desde excedencia voluntaria tendrá derecho a ocupar provisionalmente puesto vacante de su misma categoría y, en su caso, especialidad cuya cobertura resulte necesaria y atendiendo a las necesidades organizativas de la Administración:

a) Por orden de presentación.

b) Por orden de antigüedad en la Administración autonómica.

c) Por orden de antigüedad de la excedencia.

d) Por orden de edad.

9. Según el VIII Convenio, el sistema normal de provisión definitiva de los puestos de trabajo es:

a) El concurso de traslados.

b) La comisión de servicios.

c) La libre designación.
d) La adscripción provisional.

10. Para la provisión de puestos de distinta categoría profesional a la que se ostenta, se utilizará el siguiente tipo de concurso:

a) Concurso de traslados.
b) Concurso de valoración.
c) Concurso de selección.
d) Concurso de méritos.

11. Según el VIII Convenio, para poder tomar parte en los concursos de traslados a puestos de la misma categoría profesional y, en su caso, especialidad los trabajadores fijos de la Administración de la Comunidad Autónoma de Cantabria deben llevar desempeñando su puesto de trabajo, por regla general, al menos:

a) 6 meses.
b) 1 año.
c) 2 años.
d) 4 años.

12. No se exigirá tal antigüedad para poder tomar parte en los concursos de traslados, cuando:

a) Se encuentre a disposición de un Director General de la Consejería.
b) Se participe desde la situación de suspensión de funciones.
c) Desempeñe puesto de trabajo en adscripción provisional.
d) No haya participado en ningún concurso de traslados en los últimos 5 años.

13. Según el VIII Convenio, podrán tomar parte en los concursos de méritos a puestos de distinta categoría profesional y, en su caso, especialidad dentro del mismo grupo y nivel, los trabajadores fijos de la Administración de la Comunidad Autónoma de Cantabria, cuando lleven desempeñando su puesto de trabajo al menos:

a) 6 meses.
b) 1 año.
c) 2 años.
d) 4 años.

14. ¿Cuántos Vocales debe tener la Comisión de Valoración de los méritos alegados por los concursantes?

a) Al menos dos.
b) Cuatro.
c) Seis.
d) Diez.

15. De los Vocales de la Comisión de Valoración, ¿cuántos lo son en representación de las Organizaciones Sindicales?

a) Uno.
b) Dos.
c) Cuatro.
d) Seis.

16. En relación a la Comisión de Valoración de los méritos alegados por los concursantes, es cierto que:

a) Los miembros de la Comisión de Valoración serán empleados públicos y deberán pertenecer, en el caso del personal laboral, a categorías de grupo de titulación igual al exigido para el ingreso en la categoría convocada.
b) La Comisión de Valoración podrá solicitar de la autoridad convocante la incorporación de expertos en calidad de asesores que actuarán con voz y voto.
c) La Comisión de Valoración nombrará personal laboral al candidato que haya obtenido mayor puntuación en cada puesto.
d) La Comisión de Valoración estará presidida por el Consejero competente en materia de administración pública o persona en quien delegue.

17. En relación a la resolución, adjudicación y publicación de los concursos, es cierto que:

a) La convocatoria no puede establecer una puntuación mínima para la adjudicación de los puestos de trabajo.
b) Los posibles empates que pudieran producirse entre dos o más solicitantes se resolverán conforme se determine en las bases generales siendo en todo caso el primer criterio la antigüedad en el último puesto desde el que se concursa.
c) En todo caso, el puesto de trabajo adjudicado será irrenunciable.
d) No es posible declarar desierta la cobertura de todos los puestos convocados.

18. Una vez hechas públicas las puntuaciones obtenidas por los participantes en un concurso de méritos a puestos de distinta categoría profesional, se les otorgará un plazo para alegaciones de:

a) 5 días hábiles.
b) 10 días hábiles.
c) 15 días hábiles.
d) 20 días hábiles.

19. A efectos de derecho a indemnización, los traslados que se deriven de la resolución de los concursos de traslados regulados en el VIII Convenio tienen la consideración de:

a) Forzosos.
b) Preceptivos.

c) Obligatorios.
d) Voluntarios.

20. Conforme al artículo 16 del VIII Convenio, las reclamaciones que se presenten contra los concursos de traslados y méritos tendrán la consideración de reclamación previa a la vía laboral y deberán presentarse en el plazo, a contar desde el día siguiente a su publicación, de:

a) 20 días naturales.
b) 20 días hábiles.
c) 30 días naturales.
d) 1 mes.

21. Conforme al VIII Convenio, el plazo de toma de posesión en el nuevo puesto adjudicado derivado de un concurso de traslados, si radica en distinta localidad y se acredita fehacientemente el cambio de residencia, será, a partir del cese en el anterior puesto, de:

a) 3 días hábiles.
b) 5 días naturales.
c) 10 días hábiles.
d) 10 días naturales.

22. Cuando se participe en un proceso de promoción interna a categoría encuadrada en nivel inmediato superior al de la categoría que se ostente, como trabajador fijo en dicha categoría, se requiere una antigüedad de, al menos:

a) 1 año.
b) 2 años.
c) 3 años.
d) 4 años.

23. Conforme al VIII Convenio, es cierto en relación al turno de promoción interna, que:

a) El personal fijo discontinuo podrá participar siempre que se encuentre prestando servicios.
b) Podrá participar el personal laboral en situación de excedencia por cuidado de familiares, sin que la superación de este proceso suponga el reingreso a la prestación efectiva del trabajo.
c) El personal laboral fijo podrá participar incluso en aquellos procesos de promoción interna a categoría profesional de nivel y grupo profesional que ya ostentan.
d) Para participar se requiere ser trabajador fijo al servicio de la Administración de la Comunidad Autónoma de Cantabria.

24. En las categorías profesionales para cuyo acceso se exijan los títulos de Graduado Escolar, Graduado en Educación Secundaria, o cualquiera de sus equivalentes académicas, siempre y cuando el puesto de trabajo no exija una cualificación profesional o académica específica, dichos títulos podrán sustituirse por la condición de contar con una antigüedad de:

a) 4 años, y un año más por cada nivel que pretenda ascender desde su actual categoría.
b) 5 años, y un año más por cada nivel que pretenda ascender desde su actual categoría.
c) 6 años.
d) 10 años.

25. En el supuesto de que entre dos o más aspirantes que hayan superado el proceso de promoción interna se produjese un empate a puntos, este empate se resolverá a favor del trabajador:

a) Que hubiera adquirido en primer lugar la condición de trabajador laboral fijo en la categoría desde la que se promociona.
b) De más edad, computada en años, meses y días.
c) Con más cargas familiares.
d) Con más años de antigüedad al servicio de la Administración de la Comunidad Autónoma.

26. El plazo de toma de posesión a contar desde el día siguiente al de la publicación oficial de la Resolución del proceso de promoción interna, será de:

a) 3 días hábiles.
b) 5 días naturales.
c) 10 días hábiles.
d) 10 días naturales.

27. El periodo de prueba, cuando proceda, tras la superación de un proceso de promoción interna para técnicos titulados, será de:

a) 1 mes.
b) 2 meses.
c) 3 meses.
d) 6 meses.

28. Los Tribunales de Selección que han de juzgar las pruebas selectivas de ingreso de personal laboral fijo contarán con un presidente, un secretario y:

a) 3 vocales.
b) 5 vocales.
c) 7 vocales.
d) 9 vocales.

29. ¿Puede ponerse fin a la relación laboral de personal laboral fijo durante el período de prueba?

a) No, en ningún caso.
b) Sí, tanto por parte de la Administración como del trabajador, previo aviso.
c) Sí, tanto por parte de la Administración como del trabajador, sin previo aviso y sin derecho a indemnización.
d) Sí, pero únicamente por parte del trabajador.

30. Señala la opción incorrecta. Según el VIII Convenio, los puestos de trabajo podrán proveerse por medio de adscripción provisional en los siguientes supuestos:

a) Remoción o cese en un puesto de trabajo.
b) Supresión del puesto de trabajo.
c) No superación del período de prueba en un proceso de promoción interna.
d) Reingreso al servicio.

31. Obtenido un puesto de trabajo mediante permuta voluntaria de los trabajadores, para la solicitud de una nueva permuta deberán transcurrir desde la fecha de concesión de la primera:

a) 3 años.
b) 4 años.
c) 5 años.
d) 10 años.

32. La edad máxima para poder solicitar permuta con otro trabajador laboral fijo es:

a) 55 años.
b) 57 años.
c) 60 años.
d) 63 años.

33. Conforme al artículo 29 del VIII Convenio, a qué órgano corresponde autorizar el cambio de puesto de trabajo mediante permuta voluntaria de los trabajadores:

a) Al Gobierno de Cantabria.
b) Al Consejero de Presidencia, Justicia, Seguridad y Simplificación Administrativa.
c) Al Consejero, o Consejeros, de la/s correspondiente/s Consejería/s.
d) Al Secretario o Secretarios Generales afectados.

34. Tendrá la consideración de formación voluntaria para la promoción profesional:

a) La materia de seguridad y salud laboral.
b) Los cursos de adaptación para las personas que hayan sido trasladadas por discapacidad.

c) La formación para el desarrollo personal.

d) La dirigida a adaptar a los trabajadores a las modificaciones técnicas operadas en los puestos de trabajo y los cursos de reconversión profesional.

35. En relación al tiempo para la formación del personal laboral fijo bajo el VIII Convenio, es cierto que:

a) El tiempo destinado a la asistencia a los cursos de formación obligatoria que no se realice durante la jornada de trabajo se compensará con tiempo de descanso equivalente al número de horas de formación.

b) El tiempo destinado a la asistencia a los cursos de formación obligatoria, se realizará obligatoriamente dentro de la jornada de trabajo.

c) El tiempo de asistencia destinado a realizar actividades formativas calificadas de formación voluntaria para el desarrollo profesional y formación voluntaria para el desarrollo personal, computará como trabajo efectivo.

d) En ningún caso el tiempo de formación podrá realizarse dentro de la jornada de trabajo.

36. El artículo 38 del VIII Convenio contempla un permiso para concurrir a exámenes dirigidos a la obtención de título académico o profesional, reconocido oficialmente, de:

a) El tiempo necesario para acudir y celebrar el examen.

b) El día de su celebración.

c) Dos días.

d) Tres días.

37. Conforme al VIII Convenio, dentro de cada grupo profesional se delimitarán:

a) Áreas profesionales.

b) Subgrupos profesionales.

c) Cuerpos profesionales.

d) Niveles de clasificación.

38. ¿A qué Grupo profesional pertenecen los trabajadores de categorías cuyo desempeño con un alto grado de especialización requiera estar en posesión del Título de Formación Profesional de grado superior?

a) Grupo I.

b) Grupo II.

c) Grupo III.

d) Grupo IV.

39. ¿Qué nivel de clasificación está incluido dentro del Grupo Profesional III?

a) Nivel 1.

b) Nivel 3.

c) Nivel 5.
d) Nivel 7.

40. ¿En qué Grupo Profesional se encuadra el nivel de clasificación 2?

a) Grupo I.
b) Grupo II.
c) Grupo III.
d) Grupo IV.

41. Según el VIII Reglamento, pertenecen a este grupo profesional los trabaja-dores de categorías cuyas funciones no exijan personal especialmente cualificado para su desempeño sin que requieran conocimientos de ningún oficio a nivel de for-mación profesional o similar y, cuyos contenidos funcionales se limiten al desarro-llo de tareas homogéneas y estandarizadas no excesivamente complejas cuyo pro-ceso de aprendizaje y desarrollo se realice a través de un proceso formativo simple:

a) Grupo I.
b) Grupo II.
c) Grupo III.
d) Grupo V.

42. No corresponde al trabajador:

a) Velar por obtener la información en materia de prevención de riesgos, especial-mente cuando cambie de puesto de trabajo.
b) Velar por el cumplimiento de las medidas de prevención que en cada caso sean adoptadas.
c) Velar por su propia seguridad y salud en el trabajo.
d) Velar por la seguridad y salud de aquellos otros a los que pueda afectar su actividad profesional de conformidad con las instrucciones impartidas y la formación recibida.

43. ¿De qué órgano depende el Servicio Central de Prevención de Riesgos Laborales?

a) De la Dirección General de Servicios Generales.
b) Dirección General de Trabajo.
c) De la Dirección General de Función Pública.
d) De la Dirección General de Salud Pública.

44. Son los representantes de los trabajadores con funciones específicas en ma-teria de prevención de riesgos laborales:

a) Los directores de prevención.
b) Los operarios de prevención.
c) Los delegados de prevención.
d) Los comisionados de prevención.

45. ¿Cuáles son los órganos paritarios y colegiados de participación, destinados a la consulta regular de las actuaciones de la Administración de la Comunidad Autónoma de Cantabria en materia de prevención de riesgos laborales en su ámbito?

a) Los Comités de Empresa.
b) Los Servicios de Prevención.
c) Los Delegados de Prevención.
d) Los Comités de Seguridad y Salud.

46. Los equipos de protección individual deberán utilizarse:

a) En todo momento.
b) Aun cuando los riesgos se puedan evitar o limitar suficientemente por medios técnicos de protección colectiva.
c) Aun cuando los riesgos se puedan evitar o limitar suficientemente mediante medidas, métodos o procedimientos de organización del trabajo.
d) Cuando los riesgos no se puedan evitar o limitar suficientemente por medios técnicos de protección colectiva o mediante medidas, métodos o procedimientos de organización del trabajo.

47. Dentro del plan de vigilancia de salud que se establezca, los trabajadores tendrán derecho a reconocimientos médicos periódicos de carácter:

a) General y voluntario.
b) Específico y obligatorio.
c) General y obligatorio.
d) Específico y voluntario.

48. Mientras un trabajador se encuentre desempeñando su puesto de trabajo con las adaptaciones que precise a resulta de sus condiciones de salud y de trabajo lo hará a título:

a) Individual.
b) Independiente.
c) Colectivo.
d) Privado.

49. En caso de declaración de una incapacidad permanente total, el trabajador podrá optar entre solicitar la movilidad por motivos de salud o solicitar la indemnización cuando la declaración de incapacidad permanente total derive de una patología que traiga causa directa con el trabajo que desempeñaba para la Administración de la Comunidad Autónoma de Cantabria, en el plazo máximo desde la fecha de resolución por la que se declara la incapacidad permanente total, de:

a) 15 días.
b) 20 días.

c) 1 mes.
d) 3 meses.

50. El procedimiento de movilidad por motivos de salud podrá ser suspendido a instancias del trabajador o cuando se aprecien razones debidamente motivadas que lo justifiquen, por un plazo máximo de:

a) 6 meses.
b) 1 año.
c) 2 años.
d) 3 años.

Solución al test n.º 5

1. d) El personal laboral de entidades de la Agencia Cántabra de Administración Tributaria.

2. d) 16.

3. b) Por más del 50 por 100 de cada una de las dos representaciones de la Comisión.

4. d) Un representante de cada una de las Organizaciones Sindicales con representación en el Comité de Empresa e igual número de representantes de la Administración.

5. c) Mejora de las condiciones de trabajo de los trabajadores.

6. b) Permanencia.

7. b) No inferior al 5 %.

8. a) Por orden de presentación.

9. a) El concurso de traslados.

10. d) Concurso de méritos.

11. a) 6 meses.

12. c) Desempeñe puesto de trabajo en adscripción provisional.

13. b) 1 año.

14. c) Seis.

15. b) Dos.

16. d) La Comisión de Valoración estará presidida por el Consejero competente en materia de administración pública o persona en quien delegue.

17. b) Los posibles empates que pudieran producirse entre dos o más solicitantes se resolverán conforme se determine en las bases generales siendo en todo caso el primer criterio la antigüedad en el último puesto desde el que se concursa.

18. b) 10 días hábiles.

19. d) Voluntarios.

20. d) 1 mes.

21. c) 10 días hábiles.

22. b) 2 años.

23. d) Para participar se requiere ser trabajador fijo al servicio de la Administración de la Comunidad Autónoma de Cantabria.

24. a) 4 años, y un año más por cada nivel que pretenda ascender desde su actual categoría.

25. a) Que hubiera adquirido en primer lugar la condición de trabajador laboral fijo en la categoría desde la que se promociona.

26. a) 3 días hábiles.

27. d) 6 meses.

28. b) 5 vocales.

29. c) Sí, tanto por parte de la Administración como del trabajador, sin previo aviso y sin derecho a indemnización.

30. c) No superación del período de prueba en un proceso de promoción interna.

31. d) 10 años.

32. b) 57 años.

33. b) Al Consejero de Presidencia, Justicia, Seguridad y Simplificación Administrativa.

34. c) La formación para el desarrollo personal.

35. a) El tiempo destinado a la asistencia a los cursos de formación obligatoria que no se realice durante la jornada de trabajo se compensará con tiempo de descanso equivalente al número de horas de formación.

36. b) El día de su celebración.

37. d) Niveles de clasificación.

38. a) Grupo I.

39. a) Nivel 1.

40. b) Grupo II.

41. c) Grupo III.

42. a) Velar por obtener la información en materia de prevención de riesgos, especialmente cuando cambie de puesto de trabajo.

43. c) De la Dirección General de Función Pública.

44. c) Los delegados de prevención.

45. d) Los Comités de Seguridad y Salud.

46. d) Cuando los riesgos no se puedan evitar o limitar suficientemente por medios técnicos de protección colectiva o mediante medidas, métodos o procedimientos de organización del trabajo.

47. a) General y voluntario.

48. a) Individual.

49. c) 1 mes.

50. c) 2 años.

TEST DE
MATERIAS ESPECÍFICAS

TEST N.º 1

Atención al ciudadano. Recepción y telefonía. Vigilancia, guardia y custodia de centros de trabajo o unidades administrativas. Reuniones y actuaciones de comunicación: preparación de locales y materiales. Normas de protocolo

1. El *feedback* significa:

a) Alimentación verbal.
b) Impacto emocional.
c) Retroalimentación.
d) Escucha óptima.

2. En cuanto al ciudadano cliente, es falso que:

a) Hay que atender con rapidez y reflexión sus reclamaciones.
b) Toda la empresa pública es responsable de las relaciones con los ciudadanos clientes.
c) Debe sentir interés por parte del informador público para con sus problemas.
d) No espera un trato exquisito, solo quiere que se le resuelva el asunto de su consulta.

3. En el trato a un cliente inquisitivo, es adecuado:

a) Mostrarle conocimientos técnicos.
b) No dar detalles.
c) Mostrar impaciencia.
d) Contradecirse.

4. En el trato a un cliente presuntuoso, no es correcto:

a) Mostrar humildad.
b) Competir con él.
c) Mostrar mucha amabilidad.
d) Adularle alguna vez.

5. En el trato a un cliente escéptico, no es correcto:

a) Mostrar paciencia y perseverancia.
b) Ser sincero.

c) Mantenerse firme y a distancia.
d) Dar garantías.

6. No es correcto, en relación con el comportamiento agresivo de un ciudadano cliente la siguiente afirmación:

a) El agresivo se enfadará con el representante de la Administración, aun sabiendo que no es el culpable de sus problemas.
b) El funcionario no debe perder las buenas maneras y no dar respuestas que puedan ser interpretadas como una provocación.
c) Se intentará frenar la parte irracional de su comportamiento y negociar, haciéndole sentir que su problema nos preocupa.
d) No es conveniente aplicar en esta situación la escucha activa.

7. ¿Cuál de los siguientes tipos de comportamiento se caracteriza por dar afirmaciones claras, expresarse con franqueza y de manera constructiva?

a) Comportamiento asertivo.
b) Comportamiento pasivo.
c) Comportamiento agresivo.
d) Comportamiento pasivo-agresivo.

8. Para establecer un tono positivo con los clientes que no tienen razón en sus argumentos, hemos de:

a) Decirles que no llevan la razón.
b) Decirles que están equivocados.
c) Hacerles sentir culpables.
d) Esforzarnos en ser positivos en nuestras respuestas.

9. Parafrasear es una forma de asegurar nuestra comprensión del mensaje diciéndole al cliente lo que pensamos o lo que hemos comprendido:

a) Añadiendo la información no incluida por el cliente.
b) Asegurándonos de que nuestro tono incluye juicio.
c) Asegurándonos de que nuestro tono incluye evaluación.
d) Dando a entender al cliente que queremos saber si entendemos adecuadamente su mensaje.

10. Cuando los clientes se acercan a la Administración, a menudo nos encontramos con la tarea de tener que explicar un asunto o un servicio. No es cierto que en la explicación:

a) Nos aseguraremos de dar la información correcta.
b) Evitaremos los tecnicismos, utilizando un lenguaje simple y coloquial y educado.

c) Utilizaremos explicaciones de carrerilla, para no ser desigual con otros clientes.

d) No asumiremos que el cliente sabe de temas de la Administración, facilitándole los detalles imprescindibles.

11. ¿Cuál de las siguientes opciones es correcta en cuanto a convencer al cliente?

a) Convencer es coaccionar al cliente para que este realice algo que no desea.

b) Tenemos que persuadirle.

c) Los ciudadanos quieren creer lo que les decimos.

d) No es tarea del personal de la Administración ganarse la confianza que quieran depositar en él.

12. Para tratar a un cliente enfadado, aplicando la técnica de la escucha física:

a) Miraremos al ciudadano directamente. Esto implica que prestamos toda nuestra atención a la conversación con el cliente.

b) Cruzaremos los brazos o las piernas, para hacer pensar al cliente que estamos dispuestos a escucharle.

c) Le miraremos a los ojos fijamente por largo tiempo.

d) Mantendremos una postura rígida e inamovible.

13. La escucha física es una técnica que nos va a permitir, mediante un lenguaje no verbal, tranquilizar y relajar el ánimo de nuestro cliente. ¿Cuál de las siguientes frases es correcta?

a) Primero la persona, después el problema. Primero los sentimientos, después los hechos.

b) Primero la persona, después los sentimientos. Primero el problema, después los hechos.

c) Primero los sentimientos, después la persona. Primero los hechos, después el problema.

d) Primero el problema, después la persona. Primero los hechos, después los sentimientos.

14. Para disminuir la tensión en una reclamación de un ciudadano agresivo:

a) Hay que sentirse personalmente afectado.

b) Hay que evitar la responsabilidad.

c) Dejar hablar y escuchar.

d) Procurar entrar en discusión.

15. Ante un cliente que solicita información con mucha meticulosidad, numerosas preguntas y una actitud crítica, el trato del informador público debe caracterizarse por:

a) Permanecer impasible.

b) Dar pocos detalles.

c) Aportar conocimientos técnicos.

d) Mantenerse firme.

16. Un cliente acude a una de las oficinas de la Administración demandando información personal que le es necesaria para cumplimentar algunos documentos. Sabemos que los datos están informatizados y puede tener acceso a ellos introduciendo un código en un terminal informático. Por lo tanto, como informador público:

a) Dejaremos que el cliente decida cómo actuar.
b) Nos acercaremos a él con la máxima profesionalidad para intentar ayudarle.
c) Esperaremos y solo si observamos algún error en el proceso, tomaremos la iniciativa.
d) Entablaremos una conversación intrascendente para ganarnos su confianza.

17. Para proporcionar un servicio de calidad que satisfaga a los clientes:

a) Se deben aplicar técnicas de escucha activa, feedback y reformulación.
b) La información debe ser ofrecida por más de un empleado.
c) La prioridad será mantener una buena imagen de la Administración.
d) El empleado público se mantendrá indiferente a las necesidades del ciudadano.

18. Un visitante pregunta a un Ordenanza por una determinada unidad; este le facilitará una información:

a) Totalmente detallada recurriendo incluso al color de las puertas.
b) Clara y sucinta.
c) Que incluya un croquis de las dependencias por donde debe pasar antes de llegar a la unidad.
d) Que indique el recorrido pero advirtiéndole que existen suficientes rótulos indicadores de las unidades o servicios.

19. Los clientes poseen diferentes personalidades y por ello tienen diferentes características. Así, debemos saber que el cliente que avasalla e insulta pertenece al tipo:

a) Hablador.
b) Excitable.
c) Inquisitivo.
d) Irrazonable.

20. El comportamiento agresivo:

a) Se refleja físicamente por el movimiento continuo de manos y brazos.
b) Se da cuando una persona se enfrenta a otra físicamente.
c) Se da cuando la persona afirma claramente, se expresa con franqueza y de manera constructiva.
d) Se da cuando una persona siente temor a actuar de forma agresiva.

21. La diferencia entre una reclamación y una queja es que la primera:

a) Expresa desacuerdo con el trato personal.
b) Expresa insatisfacción con el contenido dado a la demanda.
c) Se basa en una percepción subjetiva que no afecta a todos los clientes por igual.
d) Informa sobre cómo es percibida la calidad de los servicios por los ciudadanos.

22. ¿Cuál de los siguientes elementos básicos de la comunicación se refiere al lenguaje en el que emitimos el mensaje?

a) El emisor.
b) El receptor.
c) El canal.
d) El código.

23. No ayuda a la comunicación:

a) La escucha activa.
b) El *feedback*.
c) La reformulación (fenómeno eco).
d) Utilizar un lenguaje lo más técnico posible.

24. No ayuda a una escucha activa:

a) Estar preparado sobre el tema de que se trata.
b) Escuchar y resumir las ideas básicas.
c) Repetir en esencia lo que ha dicho el interlocutor.
d) No preguntar.

25. No es cierto que el *feedback* (retroalimentación) en la comunicación:

a) Consiste en facilitar a nuestro interlocutor información sobre cómo hemos percibido o entendido lo que nos está comunicando.
b) Consiste en dejar que el otro hable, escuchar atentamente y callar.
c) Puede referirse no solo a la recepción del mensaje sino a expresar de forma verbal el impacto emocional del mismo.
d) Aclara las relaciones entre personas y ayuda a comprender mejor al otro.

26. Es un fallo en la comunicación:

a) Entender lo que queremos entender.
b) Establecer un clima agradable.
c) Estar dispuestos a oír a la otra persona en sus propios términos.
d) Ser comprensivo con las circunstancias del interlocutor.

27. No es una causa de fallos en la comunicación:

a) Entender lo que queremos entender.
b) Nuestro estado emocional condicionador de lo que queremos decir.
c) Estar a la defensiva.
d) Vocalizar al hablar.

28. No ayuda a mejorar nuestra comunicación cuando hablamos:

a) Organizar nuestro pensamiento.
b) Expresarnos con precisión.
c) Encerrar muchas ideas en un enunciado.
d) Hablar con naturalidad.

29. No ayuda a mejorar nuestra comunicación cuando escuchamos:

a) Que el interlocutor advierta que se pone voluntad e interés en entenderle.
b) Utilizar el *feedback* (retroalimentación).
c) Pensar en nuestras respuestas mientras escuchamos.
d) No evaluar ni prejuzgar.

30. El ordenanza o conserje que recibe una reclamación de un cliente:

a) Ha de negarse a recibirla.
b) Debe convencer al usuario para que no la presente.
c) Debe recibir cualquier tipo de reclamación que el usuario quiera presentar.
d) El cliente no puede realizar reclamaciones.

31. En relación con la comunicación no verbal, es falso que:

a) La quietud y el reposo son posturas de clara atención al interlocutor.
b) La quietud ha de ser rígida para mostrar que no se está deseando que el otro acabe de hablar.
c) Comunicamos constantemente nuestro estado emocional a través de inconscientes gestos.
d) Cuando hablamos, nuestra voz comunica una gran cantidad de información no incluida en los sonidos de las palabras que pronunciamos (el paralenguaje).

32. Es importante ofrecer una cálida acogida al ciudadano que llega a veces perdido. La acogida tiene cuatro partes, ¿cuál de las siguientes es incorrecta?

a) Recepción.
b) Saludo.
c) Ponernos a su disposición.
d) Continuar con lo que estábamos haciendo.

33. Señalar la respuesta incorrecta. La escucha física es una técnica que:

a) Permite tranquilizar y relajar el ánimo del cliente.
b) Utiliza el lenguaje verbal.
c) Refleja la actitud de estar al servicio del cliente.
d) Transmite interés por el problema.

34. Es importante que la voz del ordenanza o conserje al teléfono para atender al usuario sea:

a) Clara, monótona y agresiva.
b) Apagada, natural y agradable.
c) Regresiva, con silencios.
d) Agradable, clara y armónica.

35. Señalar la opción incorrecta. Cuando el ordenanza o conserje realiza una llamada debe seguir los pasos que se indican a continuación:

a) Saludar.
b) Mantener al usuario en espera.
c) Justificar la llamada.
d) Aplicar la técnica de escucha activa.

36. La atención personalizada al ciudadano no comprende la función de:

a) Recepción y acogida a los ciudadanos.
b) Orientación e información.
c) Gestión.
d) Enjuiciamiento.

37. La medida preventiva de seguridad que consiste en la supervisión y regulación del tránsito de personas, vehículos y objetos a través de una o varias zonas de un edificio público, se llama:

a) Apertura de instalaciones.
b) Control de accesos.
c) Acreditación de visitantes.
d) Identificación automática.

38. El principal objetivo del control de accesos es:

a) Obtener información de cuántas personas acceden al edificio diariamente.
b) La información al ciudadano sobre el lugar al que se ha de dirigir.
c) Minimizar o descartar riesgos de seguridad derivados de entradas y salidas no autorizadas.
d) Favorecer el uso de la administración electrónica.

39. La norma UNE-EN 60839:2014 cataloga los sistemas de control de accesos de grado 3 como:

a) Alto riesgo.
b) Bajo riesgo.
c) Riesgo entre bajo y medio.
d) Riesgo entre medio y alto.

40. Cuando se exige algún tipo de credencial para acceder al interior de un edificio, la forma de control de accesos será:

a) Regulación del tránsito.
b) Recepción de personas visitantes y usuarios.
c) Registro de movimientos.
d) Apertura de puertas.

41. ¿Cuál de los siguientes es un sistema de credencial material?

a) La huella digital.
b) La cerradura de combinación.
c) El iris de los ojos.
d) La tarjeta de control.

42. ¿Cuál de los siguientes es un sistema credencial de conocimientos?

a) La voz.
b) Los emisores de radiofrecuencia.
c) La cerradura de combinación.
d) La llave magnética.

43. De entre los siguientes sistemas de credenciales, señala cuál es de conocimiento:

a) Emisor de infrarrojos.
b) Tarjeta holográfica.
c) Teclado digital.
d) Geometría de la mano.

44. ¿Cuál de los siguientes es un sistema de credencial personal?

a) Rasgos faciales.
b) Escritura.
c) Emisor de ultrasonido.
d) Llave mecánica.

45. De los siguientes términos, ¿cuál define a los elementos tipo portillos motorizados o pasillos automatizados que se colocan en los puntos de acceso que se utilizan como entrada a los edificios para canalizar la entrada por los lugares indicados y restringir el paso para que solo sea utilizado por personas autorizadas?

a) Alarmas.
b) Tornos.
c) Conserjería.
d) Garitas.

46. De las siguientes opciones, señala la incorrecta en relación al control de accesos de objetos:

a) Los encargados del control de entrada y salida podrán comprobar, cuando así se les encomiende, el contenido de los bultos o paquetes sospechosos que el personal o los usuarios del servicio entren o saquen de los locales.
b) Deben declararse a la entrada los objetos que a la salida pudieran dar lugar a dudas sobre la licitud de su tenencia.
c) No se permitirá la salida de ningún objeto o material de servicio que no haya sido declarado a la entrada, aunque tenga autorización.
d) Cuando por obras, u otra causa, alguna dependencia precise dar salida a un considerable volumen de objetos o material, deberá participarlo al personal de control de entrada y salida para su debido control.

47. El arco detector de metales no es válido para detectar:

a) Herramientas.
b) Drogas.
c) Artefactos explosivos.
d) Armas.

48. El sistema de control de acceso de vehículos puede utilizarse en zonas de aparcamiento exclusivas del organismo y, generalmente, con capacidad para al menos:

a) 10 vehículos.
b) 30 vehículos.
c) 50 vehículos.
d) 100 vehículos.

49. A la hora de distinguir los rasgos más importantes para describir a una persona, se considera una característica especial:

a) La edad.
b) La raza.

c) La forma de la cara.

d) El sexo.

50. No forma parte de la función de apertura de edificios:

a) Gestionar el servicio de guardarropas.

b) Inspeccionar visualmente los elementos estructurales de acceso exteriores.

c) Desconectar el sistema de alarma.

d) Encender las luces principales del edificio.

51. No es cierto que la ronda de seguridad:

a) Incluya verificar el estado general de las instalaciones en materia de seguridad.

b) Se puede realizar en cualquier momento de la jornada.

c) Se realice recorriendo planta a planta, inspeccionando y asegurando cada una de ellas.

d) Incluya comprobar el correcto funcionamiento de los equipos y sistemas de detección y alarma.

52. Las áreas sensibles de un edificio de un organismo público son aquellas zonas, salas o despachos que, por circunstancias concretas, requieran de una atención de seguridad específica. Se consideran como tales:

a) Las plantas más altas del edificio.

b) Las áreas administrativas.

c) Los salones de actos.

d) Las salas de cuartos de máquinas e instalaciones.

53. Señala, de las siguientes, cuál es la opción incorrecta en relación con la inspección de los despachos de dirección y altos cargos:

a) La inspección se realizará todos los días a partir de la finalización del horario laboral normalizado, cuando la dirección o alto cargo y su secretaria o secretario hayan abandonado el edificio.

b) Se comprobará que el despacho esté cerrado; en el caso de que esté abierto, se comprobará la presencia e identidad de quien permanezca en su interior.

c) Si hubiera alguien en el interior, a la salida se cerrarán las puertas y se registrará el hecho como incidencia en el libro oficial de incidencias o aplicación informática correspondiente.

d) Aunque las puertas de los despachos estén cerradas o no se detecten irregularidades desde el exterior, durante la inspección de la ronda de seguridad se deberá entrar para cerciorarse de que todo está correcto en el interior.

54. La puesta en marcha de instalaciones por parte del personal subalterno comprende la puesta a punto y en servicio de… (Señala la opción incorrecta):

a) La calefacción o refrigeración de la sala.
b) Los ordenadores de los distintos puestos administrativos.
c) Los sistemas de ventilación exterior y/o interior.
d) La iluminación artificial y/o natural.

55. Son elementos de las instalaciones de climatización:

a) Los equipos de alumbrado de emergencia.
b) Los sistemas de prevención de sobretensiones y protección con pararrayos.
c) Las motobombas.
d) Los sistemas de abastecimiento de agua contra incendios.

56. Señala la opción correcta relacionada con la función de custodia y control de llaves:

a) La custodia y control de llaves de cualquier edificio de un organismo público es responsabilidad del personal subalterno.
b) Las llaves son para uso exclusivo del personal subalterno, no pudiendo cederse temporalmente bajo ningún concepto a otras personas del centro o ajenas al mismo.
c) Cualquier persona del centro podrá solicitar el uso y disfrute de copias de las llaves de las dependencias en las que trabaje.
d) El subalterno encargado de la custodia y control de llaves del edificio registrará en el libro oficial de registro o aplicación informática los movimientos de llaves, entrega y recogida solicitadas por personal laboral y contratas externas autorizadas por la administración del edificio.

57. Ordenan al Subalterno que prepare la sala de reuniones, ¿qué factor no tiene por qué tener en cuenta en relación con el local?

a) La acústica.
b) La calefacción.
c) La iluminación.
d) El estilo del mobiliario.

58. Señalar la opción incorrecta. En cuanto a la relación con los materiales, el Subalterno tendrá en cuenta:

a) Sillas cómodas y en cantidad suficiente.
b) Reloj que el público puede visualizar.
c) Fotocopiadora lo más alejada posible para evitar interferencias.
d) Hojas blancas o cuadernos para notas.

59. Tenemos distintas posibilidades de disponer el auditorio en función del tipo de reunión. Si encomiendan al Subalterno que organice la sala presentando un grupo que facilite el contacto visual y promueve la interacción, colocará el auditorio:

a) Tipo sala de juntas.
b) Tipo herradura.
c) Tipo conferencia.
d) Tipo cabaret.

60. Para trabajar con grupos pequeños de forma informal, la sala se dispondrá en forma:

a) Mesa redonda.
b) Teatro.
c) Cabaret.
d) Herradura.

61. Una ventaja de las pizarras es que:

a) Son baratas y fáciles de mantener.
b) Con el tiempo no pierden el brillo.
c) Son muy adecuadas para la utilización de retroproyectores.
d) Al usarlas con tiza no producen manchas.

62. Cuando en una reunión se quieren usar transparencias, ¿qué aparato prepara el Subalterno?

a) Pizarra.
b) Vídeo.
c) Aparato proyector.
d) Cartelógrafos.

63. Transmite audio estéreo y codificado en Dolby Digital y DTS:

a) Conector DVI.
b) Conector Firewire.
c) Cable UTP.
d) Conector XLR.

64. Las reuniones que se estructuran a partir de intereses o necesidades de la organización, se llaman:

a) Reuniones ordinarias.
b) Reuniones formales.
c) Reuniones internas.
d) Reuniones de información.

65. Los eventos organizados como congresos suelen constar de tres partes; señalar la opción incorrecta:

a) Debate.
b) Conclusiones.
c) Taller.
d) Ponencias.

66. ¿En cuál de los siguientes tipos de eventos todos los participantes tienen el derecho y, en ocasiones, también la obligación de participar?

a) Seminario.
b) Simposio.
c) Conferencia.
d) Plenario.

67. En un Simposio:

a) No se realiza exposición de ideas sino que se trata más bien de una charla sobre un tema propuesto.
b) Los expositores no defienden sus posiciones sino que aportan información y conocimientos de aquello en lo que son expertos.
c) Se discute grupal e informalmente sobre un tema determinado.
d) Uno o varios especialistas exponen un tema, para seguidamente iniciar una discusión moderada por un coordinador.

68. Por regla general, ¿cuál es el tamaño máximo de los impresos a proyectar en un proyector de opacos?

a) 10 x 10 cm.
b) 3 x 3 cm.
c) 25 x 25 cm.
d) 50 x 50 cm.

69. ¿En qué tipo de disposición alrededor de una mesa, las presidencias (anfitrión e invitado de honor) se ubican en los extremos de la mesa?

a) Presidencia francesa.
b) Sistema del reloj.
c) Presidencia inglesa.
d) Mesa redonda.

70. ¿Qué medio audiovisual se conoce también como multiplán o rotafolio?

a) El papelógrafo.
b) El magnetógrafo.

c) El franelógrafo.
d) La pizarra.

71. ¿Cuál de las siguientes tecnologías de proyección está basada en diodos de emisión de luz?

a) LCD.
b) DLP.
c) LED.
d) LCoS.

72. El grado de nitidez de una imagen proyectada en una pantalla es:

a) El contraste.
b) El brillo.
c) La ratio de aspecto.
d) La resolución.

73. La unidad de medida del brillo de los proyectores es:

a) El lumen.
b) El lux.
c) El píxel.
d) El ohmio.

74. El conjunto de *hardware* y *software* que permite la conexión simultánea en tiempo real por medio de imagen y sonido que hacen relacionarse e intercambiar información de forma interactiva a personas que se encuentran geográficamente distantes, como si estuvieran en un mismo lugar de reunión, se conoce como:

a) La pizarra electrónica.
b) La pantalla acústica.
c) La videoconferencia.
d) El diaporama.

75. Los bafles son:

a) Amplificadores.
b) Un tipo de micrófonos.
c) Ecualizadores.
d) Altavoces.

76. Al conjunto de elementos tecnológicos que se acoplan y utilizan para aumentar el volumen del sonido en lugares de gran concurrencia de personas, se le denomina:

a) Equipo de sonido.
b) Sistema audiovisual.

c) Sistema de megafonía.
d) Sistema de alarma y emergencia.

77. Señalar la opción incorrecta. Las normas de protocolo parten del supuesto básico de que existen diferencias entre personas. Estas diferencias se basan en:

a) Aspectos relacionados con la responsabilidad.
b) Aspectos relacionados con los honores adquiridos por méritos.
c) Aspectos intrínsecos de la persona como tal.
d) Aspectos relacionados con la representatividad del cargo.

78. La vexilología:

a) Explica y describe los escudos de armas de personas.
b) Estudia las banderas, pendones y estandartes.
c) Estudia los uniformes.
d) Estudia la simbología de los tratamientos protocolarios.

79. Señalar la opción incorrecta. Tienen tratamiento de Excelentísimo Señor, Excmo./a Sr./Sra.:

a) Los Secretarios de Estado.
b) Presidente del Tribunal Constitucional.
c) Directores Generales.
d) Presidente del Tribunal de Cuentas.

80. El Alcalde de Madrid tiene tratamiento de:

a) Ilustrísimo.
b) Excelentísimo.
c) Señoría.
d) Ilustrísima Señoría.

81. Señalar la respuesta incorrecta. Cuando se utilice la bandera de España, la colocaremos:

a) Ocupará siempre un lugar modesto y poco visible.
b) Si está junto a otras banderas, la de España ocupará un lugar preeminente.
c) Si está junto a otras banderas, las restantes no podrán tener mayor tamaño.
d) Si está junto a otras banderas, la de España ocupará un lugar de máximo honor.

82. ¿Cómo se llama el conector que tiene 15 pines en tres filas de 5 cada una?

a) HDMI.
b) DVI.
c) Euroconector.
d) VGA o RGB.

83. Es el típico conector de antena que se emplea como portador de la información recogida por la antena y que va al televisor, y también de la tensión continua requerida por los amplificadores de antena:

a) Conector aerial o RF.
b) RCA.
c) Euroconector.
d) JACK.

84. Conecta un dispositivo móvil con un proyector de forma inalámbrica para la reproducción de todo tipo de contenidos:

a) RCA.
b) iProjection.
c) I-link.
d) Conector aerial.

85. Conexión estándar para conectar periféricos *plug and play* (enchufar y listo), generalmente a un PC:

a) HDMI.
b) JACK.
c) USB.
d) S-Video.

86. Cuando tenemos un cable con 3 conectores RCA, normalmente el amarillo es para:

a) El canal R.
b) Vídeo.
c) El canal L.
d) El brillo.

87. conjunto de datos procesados y con un significado (relevancia, propósito y contexto), que permite que sean de utilidad para quien la recibe:

a) Formación.
b) Recepción.
c) Información.
d) Atención.

88. La tarea de informar requiere:

a) Saber escuchar.
b) Saber decir.

c) Conocer la ubicación de las dependencias donde el público tiene que realizar las gestiones.
d) Todas son correctas.

89. El lenguaje en el que emitimos el mensaje es el:

a) Canal.
b) Ruido.
c) Mensaje.
d) Código.

90. La información que se transmite es el:

a) Canal.
b) Ruido.
c) Mensaje.
d) Código.

91. Indica la opción incorrecta. En cualquier acto de comunicación hemos de preguntarnos si nuestro receptor:

a) Ha recibido el mensaje.
b) Ha tenido vivencias anteriores relacionadas con el mensaje.
c) Lo ha interpretado correctamente.
d) Lo acepta.

92. conjunto de acciones verbales y no verbales destinadas a la consecución de una escucha optima:

a) Escucha activa.
b) Feedback.
c) Reformulación.
d) Ninguna es correcta.

93. La reformulación también podríamos llamarla:

a) Parafraseo.
b) Fenómeno eco.
c) Escucha activa.
d) Las opciones a) y b) son correctas.

94. Transmitir un mensaje en una lengua desconocida para el receptor es una barrera del:

a) Código.
b) Canal.
c) Receptor.
d) Emisor.

95. La significación personal que le otorgamos a la información es una barrera del:

a) Código.
b) Canal.
c) Receptor.
d) Emisor.

96. Un detector analizador de vapores podrá detectar:

a) Armas.
b) Herramientas.
c) Drogas.
d) Materiales nucleares.

97. Los riesgos relacionados con accidentes y situaciones excepcionales son los:

a) Convencionales.
b) Mayores.
c) Específicos.
d) Profesionales.

98. Los riesgos relacionados con la utilización o manipulación de productos que, por su naturaleza, pueden causar daños son los:

a) Convencionales.
b) Mayores.
c) Específicos.
d) Profesionales.

99. No es un riesgo extraordinario al personal:

a) Amenaza de bomba.
b) Agresión física.
c) Incendio.
d) Intrusión al inmueble en horas lectivas.

100. Hablamos de esta emergencia cuando para ser dominada, requiere la actuación de equipos especiales del sector, no es previsible que afecte a sectores colindantes y se producirá la evacuación de la zona afectada, fuera del inmueble o a otro sector (o el confinamiento):

a) Emergencia general.
b) Conato de emergencia.
c) Preemergencia.
d) Emergencia parcial.

101. Cuando la distancia de observación de la señal no exceda de 10 m el tamaño de las señales de medios de evacuación será de:

a) 210 x 210 mm.
b) 420 x 420 mm.
c) 520 x 520 mm.
d) 594 x 594 mm.

102. Un fuego de clase C será de:

a) Gases combustibles.
b) Metales especiales combustibles.
c) Combustibles líquidos.
d) Combustibles sólidos.

103. En el trato a un cliente presuntuoso, no es correcto:

a) Mostrar humildad.
b) Competir con él.
c) Mostrar mucha amabilidad.
d) Adularle alguna vez.

104. En el trato a un cliente escéptico, no es correcto:

a) Mostrar paciencia y perseverancia.
b) Ser sincero.
c) Mantenerse firme y a distancia.
d) Dar garantías.

105. No es correcto, en relación con el comportamiento agresivo de un ciudadano cliente la siguiente afirmación:

a) El agresivo se enfadará con el representante de la Administración, aun sabiendo que no es el culpable de sus problemas.
b) El funcionario no debe perder las buenas maneras y no dar respuestas que puedan ser interpretadas como una provocación.
c) Se intentará frenar la parte irracional de su comportamiento y negociar, haciéndole sentir que su problema nos preocupa.
d) No es conveniente aplicar en esta situación la escucha activa.

106. ¿Cuál de los siguientes tipos de comportamiento se caracteriza por dar afirmaciones claras, expresarse con franqueza y de manera constructiva?

a) Comportamiento asertivo.
b) Comportamiento pasivo.
c) Comportamiento agresivo.
d) Comportamiento pasivo-agresivo.

107. Los clientes poseen diferentes personalidades y por ello tienen diferentes características. Así, debemos saber que el cliente que avasalla e insulta pertenece al tipo:

a) Hablador.
b) Excitable.
c) Inquisitivo.
d) Irrazonable.

108. El comportamiento agresivo:

a) Se refleja físicamente por el movimiento continuo de manos y brazos.
b) Se da cuando una persona se enfrenta a otra físicamente.
c) Se da cuando la persona afirma claramente, se expresa con franqueza y de manera constructiva.
d) Se da cuando una persona siente temor a actuar de forma agresiva.

Solución al test n.º 1

1. c) Retroalimentación.

2. d) No espera un trato exquisito, solo quiere que se le resuelva el asunto de su consulta.

3. a) Mostrarle conocimientos técnicos.

4. b) Competir con él.

5. c) Mantenerse firme y a distancia.

6. d) No es conveniente aplicar en esta situación la escucha activa.

7. a) Comportamiento asertivo.

8. d) Esforzarnos en ser positivos en nuestras respuestas.

9. d) Dando a entender al cliente que queremos saber si entendemos adecuadamente su mensaje.

10. c) Utilizaremos explicaciones de carrerilla, para no ser desigual con otros clientes.

11. c) Los ciudadanos quieren creer lo que les decimos.

12. a) Miraremos al ciudadano directamente. Esto implica que prestamos toda nuestra atención a la conversación con el cliente.

13. a) Primero la persona, después el problema. Primero los sentimientos, después los hechos.

14. c) Dejar hablar y escuchar.

15. c) Aportar conocimientos técnicos.

16. b) Nos acercaremos a él con la máxima profesionalidad para intentar ayudarle.

17. a) Se deben aplicar técnicas de escucha activa, *feedback* y reformulación.

18. b) Clara y sucinta.

19. b) Excitable.

20. a) Se refleja físicamente por el movimiento continuo de manos y brazos.

21. b) Expresa insatisfacción con el contenido dado a la demanda.

22. d) El código.

23. d) Utilizar un lenguaje lo más técnico posible.

24. d) No preguntar.

25. b) Consiste en dejar que el otro hable, escuchar atentamente y callar.

26. a) Entender lo que queremos entender.

27. d) Vocalizar al hablar.

28. c) Encerrar muchas ideas en un enunciado.

29. c) Pensar en nuestras respuestas mientras escuchamos.

30. c) Debe recibir cualquier tipo de reclamación que el usuario quiera presentar.

31. b) La quietud ha de ser rígida para mostrar que no se está deseando que el otro acabe de hablar.

32. d) Continuar con lo que estábamos haciendo.

33. b) Utiliza el lenguaje verbal.

34. d) Agradable, clara y armónica.

35. b) Mantener al usuario en espera.

36. d) Enjuiciamiento.

37. b) Control de accesos.

38. c) Minimizar o descartar riesgos de seguridad derivados de entradas y salidas no autorizadas.

39. d) Riesgo entre medio y alto.

40. a) Regulación del tránsito.

41. d) La tarjeta de control.

42. c) La cerradura de combinación.

43. c) Teclado digital.

44. a) Rasgos faciales.

45. b) Tornos.

46. c) No se permitirá la salida de ningún objeto o material de servicio que no haya sido declarado a la entrada, aunque tenga autorización.

47. b) Drogas.

48. a) 10 vehículos.

49. c) La forma de la cara.

50. a) Gestionar el servicio de guardarropas.

51. b) Se puede realizar en cualquier momento de la jornada.

52. d) Las salas de cuartos de máquinas e instalaciones.

53. d) Aunque las puertas de los despachos estén cerradas o no se detecten irregularidades desde el exterior, durante la inspección de la ronda de seguridad se deberá entrar para cerciorarse de que todo está correcto en el interior.

54. b) Los ordenadores de los distintos puestos administrativos.

55. c) Las motobombas.

56. d) El subalterno encargado de la custodia y control de llaves del edificio registrará en el libro oficial de registro o aplicación informática los movimientos de llaves, entrega y recogida solicitadas por personal laboral y contratas externas autorizadas por la administración del edificio.

57. d) El estilo del mobiliario.

58. c) Fotocopiadora lo más alejada posible para evitar interferencias.

59. b) Tipo herradura.

60. c) Cabaret.

61. a) Son baratas y fáciles de mantener.

62. c) Aparato proyector.

63. d) Conector XLR.

64. b) Reuniones formales.

65. c) Taller.

66. d) Plenario.

67. b) Los expositores no defienden sus posiciones sino que aportan información y conocimientos de aquello en lo que son expertos.

68. c) 25 x 25 cm.

69. c) Presidencia inglesa.

70. a) El papelógrafo.

71. c) LED.

72. d) La resolución.

73. a) El lumen.

74. c) La videoconferencia.

75. d) Altavoces.

76. c) Sistema de megafonía.

77. c) Aspectos intrínsecos de la persona como tal.

78. b) Estudia las banderas, pendones y estandartes.

79. c) Directores Generales.

80. b) Excelentísimo.

81. a) Ocupará siempre un lugar modesto y poco visible.

82. d) VGA o RGB.

83. a) Conector aerial o RF.

84. b) iProjection.

85. c) USB.

86. b) Vídeo.

87. c) Información.

88. d) Todas son correctas.

89. d) Código.

90. c) Mensaje.

91. b) Ha tenido vivencias anteriores relacionadas con el mensaje.

92. a) Escucha activa.

93. d) Las opciones a) y b) son correctas.

94. b) Canal.

95. c) Receptor.

96. c) Drogas.

97. b) Mayores.

98. c) Específicos.

99. c) Incendio.

100. d) Emergencia parcial.

101. a) 210 x 210 mm.

102. a) Gases combustibles.

103. b) Competir con él.

104. c) Mantenerse firme y a distancia.

105. d) No es conveniente aplicar en esta situación la escucha activa.

106. a) Comportamiento asertivo.

107. b) Excitable.

108. a) Se refleja físicamente por el movimiento continuo de manos y brazos.

Trabajos con materiales y maquinaria de oficina. Reprografía. Destrucción de documentación. Ensobrado. Etiquetado. Guillotinado. Encuadernación. Grapado. Taladrado. Tipos de papel

1. Para horadar o perforar hojas con objeto de introducirlas en archivadores AZ, utilizaremos:

a) La ensobradora.
b) La guillotina.
c) La taladradora.
d) La cizalla.

2. ¿Qué tipo de escáner se utiliza para escanear elementos frágiles?

a) De rodillo.
b) De tambor.
c) De cama plana.
d) Cenital.

3. Son máquinas reproductoras:

a) Las guillotinadoras.
b) Las encuadernadoras.
c) Los escáneres.
d) Las plastificadoras.

4. Las fotocopiadoras electroestáticas se caracterizan porque:

a) Usan papel normal.
b) El documento original es barrido por un rayo de luz intensa que proyecta la imagen sobre un tambor por donde se distribuye el tóner, que adhiriéndose a la zona donde hay imagen, reproduce el original.
c) La imagen se transfiere al papel que, al calentarse, fija el pigmento sobre la copia.
d) La imagen a reproducir se proyecta directamente sobre el papel especial cuya superficie queda sensibilizada con cargas eléctricas.

5. La medida 420 x 297 mm corresponde a un:

a) A3.
b) A4.
c) B5.
d) B1.

6. En la fase de calentamiento de la fotocopiadora, ¿pueden realizarse copias?

a) Únicamente en las fotocopiadoras profesionales.
b) Sí.
c) No.
d) A veces se pueden realizar en las fotocopiadoras personales.

7. El fax funciona a través de:

a) La línea eléctrica.
b) La línea telefónica.
c) El módem.
d) Ondas de radio.

8. Si vamos a realizar fotocopias sin servirnos del alimentador recirculante de originales, ¿cómo dejaremos la cubierta superior de la máquina?

a) Preferiblemente abierta.
b) Cerrada.
c) Necesariamente abierta.
d) Si la cubierta superior no está cerrada, la máquina no funciona.

9. ¿Qué máquinas hacen al papel inservible e ilegible?

a) Las máquinas destructoras.
b) Las máquinas fresadoras.
c) Las taladradoras.
d) Las cizallas.

10. De las siguientes, es una impresora de impacto:

a) La impresora láser.
b) La impresora multifunción.
c) La impresora de inyección de tinta.
d) La impresora de margarita.

11. Las encuadernadoras:

a) Son máquinas capaces de obtener una copia exacta de un documento original mediante un proceso electrostático.
b) Son máquinas cuya función es la destrucción de papel, de forma que quede absolutamente inservible e ilegible.

c) Se utilizan para ordenar y presentar adecuadamente los documentos, clasificándolos e incorporándoles portadas.

d) Se utilizan para plastificar documentos, con objeto de preservarlos de manchas o del deterioro.

12. La plancha tipográfica en la que se ha reproducido una composición o un grabado para su posterior impresión, se llama:

a) Tóner.
b) Reset.
c) Starter.
d) Cliché.

13. El tóner es:

a) La "tinta" de la fotocopiadora.
b) El alimentador de la fotocopiadora.
c) El sistema de transporte de la fotocopiadora.
d) El tono de impresión requerido para una copia.

14. El "canutillo" es un tipo de:

a) Grapado.
b) Encuadernado.
c) Plastificado.
d) Franqueado.

15. La resma es:

a) Un tipo de papel.
b) Una medida tradicional para contar hojas de papel.
c) Un formato de papel.
d) El papel sobrante después del guillotinado.

16. Los escáneres de las fotocopiadoras son del tipo:

a) Escáneres de rodillo.
b) Escáneres de mano.
c) Escáneres cenitales.
d) Escáneres de cama plana.

17. ¿Qué impresora contiene una esfera con varios caracteres que gira hasta posicionar el carácter pretendido en frente de un pequeño martillo?

a) Impresora de margarita.
b) Impresora de agujas.

c) Impresora láser.
d) Impresora de línea.

18. ¿Qué tres colores utilizan las impresoras para hacer copias a color?

a) Negro, amarillo y cián.
b) Amarillo, cián y magenta.
c) Negro, cián y magenta.
d) Negro, blanco y magenta.

19. ¿Qué se entiende por reprografía?

a) Un conjunto de técnicas y medios para reproducir documentos e imágenes.
b) Un sistema de archivo digital.
c) Un método de envío de correos electrónicos.
d) Un tipo de escáner especializado.

20. ¿Qué tipo de fotocopiadora utiliza papel normal?

a) Electrostática.
b) Digital.
c) Xerográfica.
d) Térmica.

21. ¿Qué tipo de polvo se utiliza en las fotocopiadoras xerográficas?

a) Tóner.
b) Grafito.
c) Polvo de carbón.
d) Tinta líquida.

22. ¿Qué componente de la fotocopiadora es fotosensible?

a) El tóner.
b) El tambor giratorio.
c) El cristal de copia.
d) La bandeja de papel.

23. ¿Quién inventó la técnica de la xerografía?

a) Thomas Edison.
b) Alexander Graham Bell.
c) Chester Carlson.
d) Nikola Tesla.

24. ¿Qué tipo de fotocopiadoras requieren un papel especial?

a) Xerográficas.
b) Electrostáticas.
c) Digitales.
d) Térmicas.

25. ¿Qué avance significativo introdujo la empresa Canon en 1973?

a) Fotocopiadoras portátiles.
b) Fotocopiadoras a color.
c) Impresoras láser.
d) Escáneres multifunción.

26. ¿Cuál es la velocidad de copiado típica de las fotocopiadoras de oficina?

a) Menos de 10 copias por minuto.
b) Entre 12 y 40 copias por minuto.
c) Más de 100 copias por minuto.
d) Entre 50 y 70 copias por minuto.

27. ¿Cuál es la función de la tecla reiniciar en una fotocopiadora?

a) Encender la fotocopiadora.
b) Ajustar el brillo de las copias.
c) Devolver la máquina a su configuración predeterminada.
d) Apagar la fotocopiadora.

28. ¿Cuál es el componente encargado de transferir el tóner al papel?

a) La lámpara de exposición.
b) El cristal de copia.
c) El tambor.
d) El fusor.

29. ¿Cuál es el propósito del tóner reciclado?

a) Mejorar la calidad de la impresión.
b) Reducir el costo y el impacto ambiental.
c) Aumentar la velocidad de copiado.
d) Facilitar el mantenimiento de la fotocopiadora.

30. ¿Qué gas tóxico generan las fotocopiadoras?

a) Monóxido de carbono.
b) Ozono.

c) Dióxido de nitrógeno.
d) Amoníaco.

31. ¿Cuál es el primer paso al limpiar una fotocopiadora?

a) Apagar el interruptor principal.
b) Desenchufar la máquina.
c) Limpiar el cristal de copia.
d) Usar un paño seco.

32. ¿Qué deben evitar las personas al manejar tóner?

a) Usar guantes.
b) Exponerse a la luz solar.
c) Inhalar el polvo de tóner.
d) Limpiar con agua.

33. ¿Qué es una multicopista?

a) Una máquina que sirve para sacar copias de originales por procedimientos distintos a la fotografía o la imprenta.
b) Una impresora multifunción.
c) Una máquina fotográfica.
d) Un escáner avanzado.

34. ¿Qué tipo de máquina utiliza un original positivo escrito con tinta soluble en agua?

a) Ciclostilo.
b) Hectógrafo.
c) Multicopista digital.
d) Imprenta offset.

35. ¿Qué elemento es esencial para el funcionamiento de una multicopista?

a) Tóner.
b) Cliché.
c) Láser.
d) Cristal de exposición.

36. ¿Cuál es la ventaja principal del uso de multicopistas en centros educativos?

a) Mayor calidad de impresión.
b) Considerable ahorro económico ante elevadas tiradas de papel.
c) Menor necesidad de mantenimiento.
d) Mayor velocidad de impresión.

37. ¿Qué método de impresión utiliza planchas con zonas de imagen que sobresalen o en relieve?

a) Tipográfica.
b) Flexográfica.
c) Huecograbado.
d) Planográfica.

38. ¿Qué tipo de papel se utiliza en los clichés electrónicos de las multicopistas modernas?

a) Papel normal.
b) Papel fotográfico.
c) Papel cebolla.
d) Papel reciclado.

39. ¿Qué componente de una multicopista se utiliza para alinear las copias impresas en la bandeja de salida?

a) Tambor.
b) Cristal de exposición.
c) Placas laterales de salida del papel.
d) Panel de control.

40. ¿Qué debe hacerse primero al cargar el papel en una multicopista?

a) Abrir cuidadosamente la bandeja de alimentación del papel.
b) Ajustar las placas laterales de salida del papel.
c) Encender el interruptor principal.
d) Colocar el original en el cristal de exposición.

41. ¿Qué tecla se utiliza para iniciar una impresión estándar en una multicopista?

a) Tecla de prueba.
b) Tecla de parada.
c) Tecla de inicio.
d) Tecla de reinicio.

42. ¿Qué se debe hacer si el papel se ondula durante la carga en una multicopista?

a) Colocar el papel con el lado ondulado hacia abajo.
b) Ajustar las placas laterales.
c) Cambiar el tipo de papel.
d) Encender el interruptor principal.

43. ¿Cuál es la función de la palanca de bloqueo de la unidad de tambor en una multicopista?

a) Alinear las copias impresas.
b) Encender la máquina.
c) Extraer la unidad de tambor.
d) Ajustar la densidad de la imagen.

44. ¿Qué se recomienda hacer después de eliminar un atasco en una multicopista?

a) Apagar el interruptor principal.
b) Comprobar que están cerradas todas las puertas, cubiertas y unidades.
c) Reiniciar la máquina.
d) Cambiar el tipo de papel.

45. ¿Qué tipo de máquina se utiliza para hacer un cliché electrónico en las multicopistas modernas?

a) Una máquina de escribir.
b) Una máquina con el cliché en su interior, enrollado y con aspecto de "papel cebolla".
c) Una impresora láser.
d) Un escáner avanzado.

46. ¿Qué debe hacerse antes de utilizar un nuevo máster en una multicopista?

a) Limpiar el cristal de exposición.
b) Ajustar las placas laterales de salida del papel.
c) Retirar el rollo de máster usado.
d) Comprobar la densidad de la imagen.

47. ¿Cuál es la función de las aletas de alineación del papel en una multicopista?

a) Ajustar la densidad de la imagen.
b) Subir o bajar dependiendo del tipo de papel.
c) Encender la máquina.
d) Iniciar la impresión.

48. ¿Cuál es la función principal de una destructora de documentos?

a) Destruir documentos en papel de manera que queden inservibles e ilegibles.
b) Digitalizar documentos para archivarlos.
c) Imprimir documentos confidenciales.
d) Enviar documentos por fax.

49. ¿Cuál es una característica de las grapadoras eléctricas?

a) Son manuales y requieren fuerza para funcionar.
b) Unen hojas automáticamente al detectar el documento.

c) Utilizan adhesivos en lugar de grapas.
d) Solo pueden grapar hasta 10 hojas.

50. ¿Qué tipo de encuadernadora utiliza calor para unir las hojas?

a) Encuadernadora de espiral.
b) Encuadernadora de canutillo.
c) Termoencuadernadora.
d) Encuadernadora de rosetas.

51. ¿Qué tipo de papel no puede ser plegado por una máquina plegadora?

a) Papel vegetal o película.
b) Papel normal.
c) Papel reciclado.
d) Papel de colores.

52. ¿Cuál es la capacidad de las destructoras de documentos de oficina?

a) Solo pueden destruir una hoja a la vez.
b) Tienen una velocidad máxima de 3 metros por minuto.
c) Funcionan a velocidades entre 6 y 15 metros por minuto.
d) Solo destruyen papel discontinuo.

53. ¿Qué característica no corresponde a una impresora láser?

a) Produce texto en blanco y negro de alta calidad.
b) Tiene un costo alto por página.
c) Utiliza un tóner para imprimir.
d) El papel sale caliente después de la impresión.

54. ¿Qué función adicional puede tener una máquina plegadora?

a) Ensobrar documentos.
b) Destruir documentos.
c) Imprimir documentos.
d) Digitalizar documentos.

55. ¿Qué tipo de impresora es ideal para una oficina con una carga de trabajo alta?

a) Impresora láser.
b) Impresora de inyección de tinta.
c) Impresora matricial.
d) Impresora de margarita.

56. ¿Cuál es una ventaja del grapado con grapadora eléctrica?

a) Requiere menos grapas.
b) La máquina se activa automáticamente.
c) Utiliza adhesivo en lugar de grapas.
d) Puede grapar solo un máximo de 10 hojas.

57. ¿Qué método de encuadernación permite la inclusión de nuevas páginas?

a) Termoencuadernadora.
b) Encuadernadora de espiral o gusanillo.
c) Encuadernadora de fresado.
d) Encuadernadora de rosetas.

58. ¿Qué tipo de plastificación utiliza una máquina con rodillos que alcanzan alta temperatura?

a) Plastificación térmica.
b) Plastificación en frío.
c) Plastificación manual.
d) Plastificación de presión.

59. ¿Cuál es una característica de las máquinas franqueadoras modernas?

a) Solo funcionan con franqueo manual.
b) Permiten la estampación mecánica del franqueo.
c) Solo admiten cartas de hasta 100 gramos.
d) No requieren autorización para su uso.

60. ¿Qué método de encuadernación es conocido por su rapidez y perfecto acabado?

a) Encuadernadora de espiral.
b) Encuadernadora de canutillo.
c) Termoencuadernadora.
d) Encuadernadora de fresado.

61. ¿Qué tipo de impresora utiliza boquillas en el cabezal de impresión para emitir tinta?

a) Impresora de inyección de tinta.
b) Impresora láser.
c) Impresora matricial.
d) Impresora de margarita.

62. ¿Cuál es una característica de una máquina destructora con célula fotoeléctrica?

a) Detecta papel y se pone en funcionamiento automáticamente.
b) Solo destruye papel continuo.

c) Requiere operación manual para cada hoja.
d) No tiene retromarcha automática.

63. ¿Qué es el papel?

a) Una estructura obtenida sobre la base de fibras vegetales de celulosa.
b) Un producto sintético utilizado en impresión.
c) Un material hecho exclusivamente de pulpa reciclada.
d) Una tela utilizada en impresoras antiguas.

64. ¿Cuál es una de las principales propiedades mecánicas del papel?

a) Blancura.
b) Rigidez.
c) Brillo.
d) Opacidad.

65. ¿Qué tipo de papel se utiliza para fabricar cajas de cartón corrugado?

a) Papel de impresión.
b) Papel para corrugar.
c) Papel tisú.
d) Papel verjurado.

66. ¿Cuál es el tamaño estándar del papel A4?

a) 841 × 594 mm.
b) 594 × 420 mm.
c) 420 × 297 mm.
d) 297 × 210 mm.

67. ¿Qué significa la etiqueta "Totally Chlorine Free" (TCF) en el papel?

a) Que el papel ha sido reciclado al 100 %.
b) Que el papel es completamente blanco.
c) Que el papel ha sido fabricado sin cloro.
d) Que el papel es resistente al agua.

68. ¿Qué tipo de papel se utiliza principalmente para libros y cuadernos?

a) Papel de impresión y escritura.
b) Papel tisú.
c) Papel vitela.
d) Papel verjurado.

69. ¿Cuál es la capacidad de una resma de papel según la definición tradicional?

a) 100 hojas.
b) 250 hojas.
c) 500 hojas.
d) 1000 hojas.

70. ¿Qué tipo de papel es ideal para la impresión de viñetas por su superficie lisa y satinada?

a) Papel Whatman.
b) Papel verjurado.
c) Papel vitela.
d) Papel tisú.

71. ¿Qué tipo de papel se utiliza comúnmente en los baños y cocinas?

a) Papel tisú.
b) Papel de impresión.
c) Papel verjurado.
d) Papel reciclado.

72. ¿Qué propiedad del papel indica su capacidad de mantener sus dimensiones originales?

a) Gramaje.
b) Blancura.
c) Estabilidad dimensional.
d) Rigidez.

73. ¿Qué tipo de papel deja ver unas rayas al trasluz a modo de filigrana?

a) Papel verjurado.
b) Papel vitela.
c) Papel tisú.
d) Papel de impresión.

74. ¿Qué tamaño de papel se utiliza generalmente para tarjetas postales?

a) A4.
b) A3.
c) A5.
d) A6.

75. ¿Cuál es la relación entre la longitud y el ancho en los formatos de papel de la serie A?

a) 1,618.
b) 1,4142.
c) 2,100.
d) 1,732.

76. ¿Qué proceso implica la separación de tintas durante el reciclaje del papel?

a) Clasificación.
b) Tinta y blanqueo.
c) Enfardado.
d) Tratamiento.

77. ¿Qué tamaño de papel es similar al de una tarjeta de visita?

a) A4.
b) A3.
c) A5.
d) A8.

78. ¿Qué tamaño de papel se usa para pequeños pósteres o diagramas?

a) A4.
b) A3.
c) A5.
d) A8.

Solución al test n.º 2

1. c) La taladradora.

2. d) Cenital.

3. c) Los escáneres.

4. d) La imagen a reproducir se proyecta directamente sobre el papel especial cuya superficie queda sensibilizada con cargas eléctricas.

5. a) A3.

6. c) No.

7. b) La línea telefónica.

8. b) Cerrada.

9. a) Las máquinas destructoras.

10. d) La impresora de margarita.

11. c) Se utilizan para ordenar y presentar adecuadamente los documentos, clasificándolos e incorporándoles portadas.

12. d) Cliché.

13. a) La "tinta" de la fotocopiadora.

14. b) Encuadernado.

15. b) Una medida tradicional para contar hojas de papel.

16. d) Escáneres de cama plana.

17. a) Impresora de margarita.

18. b) Amarillo, cian y magenta.

19. a) Un conjunto de técnicas y medios para reproducir documentos e imágenes.

20. c) Xerográfica.

21. a) Tóner.

22. b) El tambor giratorio.

23. c) Chester Carlson.

24. b) Electrostáticas.

25. b) Fotocopiadoras a color.

26. b) Entre 12 y 40 copias por minuto.

27. c) Devolver la máquina a su configuración predeterminada.

28. c) El tambor.

29. b) Reducir el costo y el impacto ambiental.

30. b) Ozono.

31. a) Apagar el interruptor principal.

32. c) Inhalar el polvo de tóner.

33. a) Una máquina que sirve para sacar copias de originales por procedimientos distintos a la fotografía o la imprenta.

34. b) Hectógrafo.

35. b) Cliché.

36. b) Considerable ahorro económico ante elevadas tiradas de papel.

37. a) Tipográfica.

38. c) Papel cebolla.

39. c) Placas laterales de salida del papel.

40. a) Abrir cuidadosamente la bandeja de alimentación del papel.

41. c) Tecla de inicio.

42. a) Colocar el papel con el lado ondulado hacia abajo.

43. c) Extraer la unidad de tambor.

44. b) Comprobar que están cerradas todas las puertas, cubiertas y unidades.

45. b) Una máquina con el cliché en su interior, enrollado y con aspecto de "papel cebolla".

46. c) Retirar el rollo de máster usado.

47. b) Subir o bajar dependiendo del tipo de papel.

48. a) Destruir documentos en papel de manera que queden inservibles e ilegibles.

49. b) Unen hojas automáticamente al detectar el documento.

50. c) Termoencuadernadora.

51. a) Papel vegetal o película.

52. c) Funcionan a velocidades entre 6 y 15 metros por minuto.

53. b) Tiene un costo alto por página.

54. a) Ensobrar documentos.

55. a) Impresora láser.

56. b) La máquina se activa automáticamente.

57. b) Encuadernadora de espiral o gusanillo.

58. a) Plastificación térmica.

59. b) Permiten la estampación mecánica del franqueo.

60. c) Termoencuadernadora.

61. a) Impresora de inyección de tinta.

62. a) Detecta papel y se pone en funcionamiento automáticamente.

63. a) Una estructura obtenida sobre la base de fibras vegetales de celulosa.

64. b) Rigidez.

65. b) Papel para corrugar.

66. d) 297 × 210 mm.

67. c) Que el papel ha sido fabricado sin cloro.

68. a) Papel de impresión y escritura.

69. c) 500 hojas.

70. c) Papel vitela.

71. a) Papel tisú.

72. c) Estabilidad dimensional.

73. a) Papel verjurado.

74. d) A6.

75. b) 1,4142.

76. b) Tinta y blanqueo.

77. d) A8.

78. b) A3.

**La notificación de documentos administrativos.
Práctica de la notificación. Correspondencia: tipos de envíos.
Entrega, recogida y distribución de correspondencia Franqueo.
Certificados. Acuses de recibo. Telegramas.
Reembolsos. Giros**

1. En relación con las notificaciones en papel, de acuerdo con lo dispuesto en el artículo 42 de la Ley 39/2015, de 1 de octubre, de Procedimiento Administrativo Común de las Administraciones Públicas de los actos administrativos, señala la respuesta incorrecta:

a) Se notificarán a los interesados las resoluciones y actos administrativos que afecten a sus derechos e intereses.

b) Toda notificación deberá ser cursada dentro del plazo de diez días a partir de la fecha en que el acto haya sido dictado.

c) En los procedimientos iniciados a solicitud del interesado, la notificación se practicará en el domicilio del interesado. Cuando ello no fuera posible, en cualquier lugar adecuado a tal fin.

d) Todas son incorrectas.

2. Por regla general una notificación electrónica se entenderá rechazada con los efectos previstos en el artículo 43.2 de la Ley 39/2015, de 1 de octubre, del Procedimiento Administrativo Común de las Administraciones Públicas, cuando teniendo constancia de la puesta a disposición transcurran:

a) Diez días hábiles sin que se acceda a su contenido.

b) Diez días naturales desde que se accedió al contenido sin existir respuesta.

c) Diez días naturales sin que se acceda al contenido.

d) Diez días hábiles desde que se accedió al contenido sin existir respuesta.

3. En relación con la práctica de las notificaciones en papel, el artículo 42.2 de la Ley 39/2015, de 1 de octubre, del Procedimiento Administrativo Común de las Administraciones Públicas, establece que si nadie se hiciera cargo de la notificación, se hará constar esta circunstancia en el expediente, junto con el día y la hora en que se intentó la notificación, intento que se repetirá por una sola vez y en una hora distinta dentro de los:

a) Tres días siguientes. En caso de que el primer intento de notificación se haya realizado antes de las catorce horas, el segundo intento deberá realizarse después de las catorce horas y viceversa, dejando en todo caso al menos un margen de diferencia de tres horas entre ambos intentos de notificación.

b) Dos días siguientes. En caso de que el primer intento de notificación se haya realizado antes de las catorce horas, el segundo intento deberá realizarse después de las catorce horas y viceversa, dejando en todo caso al menos un margen de diferencia de dos horas entre ambos intentos de notificación.

c) Tres días siguientes. En caso de que el primer intento de notificación se haya realizado antes de las quince horas, el segundo intento deberá realizarse después de las quince horas y viceversa, dejando en todo caso al menos un margen de diferencia de tres horas entre ambos intentos de notificación.

d) Ninguna es correcta.

4. Cuando se ignore el lugar de notificación de los interesados en un procedimiento:

a) Previamente a la publicación de un anuncio en el Boletín Oficial de Estado y con carácter preceptivo las Administraciones deberán publicar un anuncio en el Boletín Oficial de la Comunidad Autónoma del último domicilio del interesado.

b) Previamente a la publicación de un anuncio en el Boletín Oficial de Estado y con carácter preceptivo las Administraciones deberán publicar un anuncio en el Boletín Oficial de la provincia del último domicilio del interesado.

c) La notificación se hará por medio de un anuncio publicado en el Boletín Oficial del Estado.

d) No se puede ignorar el lugar de notificación de los interesados en un procedimiento, siendo necesaria siempre la notificación en el lugar indicado.

5. Según la Ley 39/2015, de 1 octubre, de Procedimiento Administrativo Común de las Administraciones Públicas, ¿cuándo se entiende practicada la notificación por medios electrónicos?

a) A los tres días del envío del aviso de la puesta a disposición del acto objeto de notificación.

b) En el momento en que se accede a la puesta a disposición del interesado del acto objeto de notificación.

c) En el momento en que se produzca el acceso al contenido del acto notificado.

d) A los diez días del envío del aviso de la puesta a disposición del acto objeto de notificación.

6. En la práctica de las notificaciones por medios electrónicos, según lo establecido en el artículo 43 de la Ley 39/2015, de 1 de octubre, del Procedimiento Administrativo Común de las Administraciones Públicas, señala cuál de las siguientes afirmaciones es incorrecta:

a) Se llevarán a cabo mediante comparecencia en la sede electrónica de la Administración u Organismo actuante, a través de la dirección electrónica habilitada únicamente o mediante ambos sistemas, según disponga cada Administración u Organismo.

b) Se entenderán practicadas en el momento en que se produzca el acceso a su contenido.

c) Cuando la notificación por medios electrónicos sea de carácter obligatorio, se entenderá rechazada cuando hayan transcurrido 10 días hábiles desde la puesta a disposición de la notificación sin que se acceda a su contenido.

d) Todas son incorrectas.

7. Las notificaciones se practicarán:

a) Preferentemente por medios electrónicos y, en todo caso, cuando el interesado resulte obligado a recibirlas por esta vía.

b) Preferentemente por escrito en documento papel y, en todo caso, cuando el interesado resulte obligado a recibirlas por esta vía.

c) Solo por medios electrónicos.

d) Indistintamente en documento papel o por medios electrónicos.

8. Las notificaciones:

a) Nunca se realizarán por medios electrónicos.

b) Se deben realizar por medios electrónicos cuando el interesado esté obligado a recibirlas por esta vía.

c) Solo se van a realizar por medios electrónicos si el interesado está de acuerdo.

d) Siempre se deben realizar el formato papel u oralmente.

9. Las Administraciones podrán practicar las notificaciones por medios no electrónicos:

a) Nunca.

b) Siempre.

c) Cuando la notificación se realice con ocasión de la comparecencia espontánea del interesado o su representante en las oficinas de asistencia en materia de registro y solicite la comunicación o notificación personal en ese momento.

d) No se establecen por ley los supuestos.

10. Las Administraciones podrán practicar las notificaciones por medios no electrónicos:

a) Nunca.

b) Siempre.

c) Cuando para asegurar la eficacia de la actuación administrativa resulte necesario practicar la notificación por entrega directa de un empleado público de la Administración notificante.

d) No se establecen por ley los supuestos.

11. Las Administraciones podrán establecer la obligación de practicar electrónicamente las notificaciones para determinados procedimientos:

a) Por ley.
b) Por reglamento.
c) Por orden.
d) Por concesión.

12. Las Administraciones podrán establecer la obligación de practicar electrónicamente las notificaciones para ciertos colectivos de personas físicas que por razón de su capacidad económica, técnica, dedicación profesional u otros motivos quede acreditado que tienen acceso y disponibilidad de los medios electrónicos necesarios:

a) Por ley.
b) Por reglamento.
c) Por orden.
d) Por concesión.

13. El interesado podrá identificar un dispositivo electrónico y/o una dirección de correo electrónico que servirán para el envío de los avisos regulados en el artículo 41 de la Ley 39/2015:

a) Y para las notificaciones.
b) Pero no para la práctica de notificaciones.
c) Para la práctica de notificaciones si el interesado así lo establece.
d) Para todo tipo de comunicación.

14. Según la normativa, aquellas en las que el acto a notificar vaya acompañado de elementos que no sean susceptibles de conversión en formato electrónico:

a) Se podrá notificar por medios electrónicos en la medida de lo que se pueda.
b) No se podrán notificar por medios electrónicos.
c) Se notificará en parte a través de medios electrónicos y en formato papel.
d) Se notificarán de forma verbal.

15. Según la normativa, aquellas notificaciones que contengan medios de pago a favor de los obligados, tales como cheques:

a) Se podrá notificar por medios electrónicos en la medida de lo que se pueda.
b) No se podrán notificar por medios electrónicos.
c) Se notificará en parte a través de medios electrónicos y en formato papel.
d) Se notificarán de forma verbal.

16. Establece la normativa que en ningún caso se efectuará por medio electrónico la siguiente notificación:

a) Aquellas en las que el acto a notificar vaya acompañado de elementos que no sean susceptibles de conversión en formato electrónico.
b) Las que contengan medios de pago a favor de los obligados, tales como cheques.
c) Son correctas las respuestas a) y b).
d) Las que contenga información relativa a terceras personas.

17. Todas las notificaciones que se practiquen en papel:

a) Se deben registrar.
b) Deberán ser puestas a disposición del interesado en la sede electrónica de la Administración u Organismo actuante para que pueda acceder al contenido de las mismas de forma voluntaria.
c) Deben ser comunicadas con quince días de antelación.
d) Deben ser comunicadas con veinte días de antelación.

18. Cuando la notificación se practique en el domicilio del interesado, de no hallarse presente este en el momento de entregarse la notificación:

a) Nunca se podrá realizar la misma.
b) Podrá hacerse cargo de la misma cualquier persona mayor de catorce años que se encuentre en el domicilio y haga constar su identidad.
c) Podrá hacerse cargo de la misma cualquier persona mayor de dieciséis años que se encuentre en el domicilio y haga constar su identidad.
d) Podrá hacerse cargo de la misma cualquier persona mayor de dieciocho años que se encuentre en el domicilio y haga constar su identidad.

19. Si nadie se hiciera cargo de la notificación:

a) Se hará constar esta circunstancia en el expediente, junto con el día y la hora en que se intentó la notificación, intento que se repetirá por una sola vez y en una hora distinta dentro de los tres días siguientes.
b) En caso de que el primer intento de notificación se haya realizado antes de las quince horas, el segundo intento deberá realizarse después de las quince horas y viceversa, dejando en todo caso al menos un margen de diferencia de tres horas entre ambos intentos de notificación.
c) Si el segundo intento también resultara infructuoso, se procederá en la forma prevista en la normativa.
d) Todas las respuestas anteriores son correctas.

20. Si nadie se hiciera cargo de la notificación, se hará constar esta circunstancia en el expediente, junto con el día y la hora en que se intentó la notificación:

a) Intento que se repetirá por una sola vez y en una hora distinta dentro de los tres días siguientes.
b) Intento que se repetirá por una sola vez y en una hora distinta dentro de los cinco días siguientes.

c) Intento que se repetirá por una sola vez y en una hora distinta dentro de los siete días siguientes.

d) Intento que se repetirá por una sola vez y en una hora distinta dentro de los diez días siguientes.

21. Si nadie se hiciera cargo de la notificación, se hará constar esta circunstancia en el expediente, junto con el día y la hora en que se intentó la notificación:

a) Intento que se repetirá por una sola.
b) Intento que se repetirá más de una vez.
c) Intento que se repetirá dos veces.
d) Intento que se repetirá como mínimo, tres veces.

22. En caso de que el primer intento de notificación no fructífero se haya realizado antes de las quince horas:

a) El segundo deberá realizarse a primera hora de la mañana.
b) El segundo deberá realizarse en la misma franja horaria.
c) El segundo debe realizarse después de las quince horas, y viceversa, dejando en todo caso al menos un margen de diferencia de tres horas entre ambos intentos de notificación.
d) El segundo debe realizarse después de las quince horas, y viceversa, dejando en todo caso al menos un margen de diferencia de cinco horas entre ambos intentos de notificación.

23. Cuando el interesado accediera al contenido de la notificación en sede electrónica:

a) Se le ofrecerá la posibilidad de que el resto de notificaciones se puedan realizar a través de medios electrónicos.
b) Se comunicará que el resto de notificaciones se puedan realizar a través de medios electrónicos.
c) Se obligará a que el resto de notificaciones se puedan realizar a través de medios electrónicos.
d) Se prohibirá que el resto de notificaciones se puedan realizar a través de medios electrónicos.

24. Las notificaciones por medios electrónicos:

a) Se practicarán mediante comparecencia en la sede electrónica de la Administración u Organismo actuante.
b) Se practicarán a través de la dirección electrónica habilitada única.
c) Se practicarán mediante ambos sistemas, mediante comparecencia en la sede electrónica de la Administración u Organismo actuante o a través de la dirección electrónica habilitada única, según disponga cada Administración u Organismo.
d) Todas las respuestas anteriores son correctas.

25. Las notificaciones por medios electrónicos:

a) Se entenderán practicadas en el momento en que se produzca el acceso a su contenido.
b) Se entenderán practicadas el día siguiente al momento en que se produzca el acceso a su contenido.
c) Se entenderán practicadas en el momento en que se realice.
d) Se entenderán practicadas a las 48 h respecto del momento en que se produzca el acceso a su contenido.

26. Cuando la notificación por medios electrónicos sea de carácter obligatorio:

a) Se entenderá rechazada cuando hayan transcurrido 24 horas naturales desde la puesta a disposición de la notificación sin que se acceda a su contenido.
b) Se entenderá rechazada cuando hayan transcurrido 48 horas naturales desde la puesta a disposición de la notificación sin que se acceda a su contenido.
c) Se entenderá rechazada cuando hayan transcurrido diez días naturales desde la puesta a disposición de la notificación sin que se acceda a su contenido.
d) Se entenderá rechazada cuando hayan transcurrido cuatro días naturales desde la puesta a disposición de la notificación sin que se acceda a su contenido.

27. Cuando la notificación por medios electrónicos haya sido expresamente elegida por el interesado:

a) Se entenderá rechazada cuando hayan transcurrido 24 horas naturales desde la puesta a disposición de la notificación sin que se acceda a su contenido.
b) Se entenderá rechazada cuando hayan transcurrido 48 horas naturales desde la puesta a disposición de la notificación sin que se acceda a su contenido.
c) Se entenderá rechazada cuando hayan transcurrido cuatro días naturales desde la puesta a disposición de la notificación sin que se acceda a su contenido.
d) Se entenderá rechazada cuando hayan transcurrido diez días naturales desde la puesta a disposición de la notificación sin que se acceda a su contenido.

28. En el caso de notificaciones infructuosas por ser el interesado desconocido:

a) No se podrá entender hecha nunca.
b) Solo se podrá entender anunciada.
c) La notificación se hará por medio de un anuncio publicado en el «Boletín Oficial del Estado».
d) Solo podrá realizarse la notificación en edictos a la pared de la sede general de la Administración pública.

29. En el caso de notificaciones infructuosas porque se ignore el lugar de la notificación:

a) No se podrá entender hecha nunca.
b) Solo se podrá entender anunciada.

c) La notificación se hará por medio de un anuncio publicado en el «Boletín Oficial del Estado».

d) Solo podrá realizarse la notificación en edictos a la pared de la sede general de la Administración pública.

30. En el caso de notificaciones infructuosas porque se ignore el lugar del bien:

a) No se podrá entender hecha nunca.

b) Solo se podrá entender anunciada.

c) La notificación se hará por medio de un anuncio publicado en el «Boletín Oficial del Estado».

c) Solo podrá realizarse la notificación en edictos a la pared de la sede general de la Administración pública.

31. Un cliente desea mandar una carta certificada nacional a una empresa de su provincia; le podemos ofertar unos servicios adicionales de la carta certificada. Señala la respuesta que consideres más completa:

a) Reembolso y Entrega en propia mano.

b) Valor declarado y entrega exclusiva al destinatario.

c) Aviso de recibo para clientes con contrato y reembolso.

d) Petición de reexpedición y custodia 5 años.

32. ¿Correos presta, de forma general, el servicio complementario de recogida a domicilio de notificaciones?

a) Sí, en todos los casos.

b) Sí, para clientes con contrato.

c) No se presta este servicio.

d) Sí, en el ámbito local, para los Ministerios.

33. ¿Cuál es el peso del Paquete Internacional Light?

a) 5 kg.

b) 10 kg.

c) 20 kg.

d) 2 kg.

34. Si hablamos de un sobre con unas dimensiones de 110 x 225 mm, con o sin ventana, nos estaremos refiriendo a:

a) DIN A5.

b) Americano.

c) Cuadrado.

d) No existen esas dimensiones en sobres prepagados.

35. ¿Cuál es la mayor dimensión entre las que se señalan en las zonas a tener en cuenta en un sobre normalizado?

a) 74.
b) 140.
c) 150.
d) 120.

36. 30 x 20 x 10 son las medidas de:

a) Una carta.
b) Una tarjeta postal.
c) Un publicorreo.
d) Un objeto asegurado.

37. Un cliente desea mandar un envío como "carta". El peso de este envío no puede exceder de:

a) 2 kilogramos.
b) 20 gramos.
c) 200 gramos.
d) 1 kilogramo.

38. ¿Qué ley ha revolucionado el sistema de entrega de las notificaciones?

a) 43/2010.
b) 30/1992.
c) 39/2015.
d) 40/2016.

39. De entre las siguientes proposiciones sobre el producto CARTA, indica aquella que consideras verdadera:

a) Una carta es todo envío cerrado, cuyo contenido no se indique ni pueda conocerse, así como toda comunicación materializada en forma escrita sobre soporte físico de cualquier naturaleza, aunque no tenga carácter actual y personal.
b) Las tarjetas postales en todo momento se consideran cartas, aunque tengan carácter actual y personal y siempre que pesen hasta 50 gramos.
c) Tendrán la consideración de carta los envíos de recibos, facturas, documentos de negocio, estados financieros y cualesquiera otros mensajes que no sean idénticos.
d) Las cartas pueden circular solamente con carácter ordinario.

40. En relación con el plazo de calidad comprometido para las Cartas Certificadas, de todos es conocido que es del 93 % de los envíos para su entrega en 3 días. No obstante, discriminando geográficamente podemos decir que en uno de los ámbitos siguientes no es correcto lo señalado. Indícalo:

a) Local: 0 días hábiles.
b) Provincial: 2 días hábiles.

c) Nacional: 3 días hábiles.
d) Europa: de 2 a 4 días hábiles.

41. Con carácter general no se puede decir que:

a) Las notificaciones pueden ir acompañadas de Avisos de Recibo M 35 Plus 1 E (recogen un solo intento de entrega).
b) Las notificaciones pueden ir acompañadas de Avisos de Recibo M 35 Plus 2 E (recogen dos intentos de entrega).
c) Una vez realizados los dos intentos sin éxito de una notificación, Correos deberá depositar en lista las notificaciones durante el plazo establecido de 7 días naturales.
d) No procederá un segundo intento de entrega cuando la notificación sea rehusada o rechazada por el interesado o su representante, tenga una dirección incorrecta, destinatario desconocido, fallecido o causas de análoga naturaleza que haga objetivamente improcedente el segundo intento de entrega.

42. ¿Cuál de entre los siguientes productos tiene unas dimensiones máximas de 30 x 20 x 10 cm?

a) Carta ordinaria internacional.
b) Carta con valor declarado internacional.
c) Objeto asegurado nacional.
d) Carta certificada nacional.

43. En una carta normalizada, si hablamos de unas medidas de 74 x 40, ¿a qué nos podemos estar refiriendo?

a) Zona de información de remitente.
b) Zona de franqueo.
c) Zona reservada para el código de barras.
d) Zona de bloque para la dirección.

44. ¿Cuál es el compromiso de entrega de una carta ordinaria por parte de Correos?

a) Del 99 % de los envíos en 3 días hábiles en todo el territorio nacional.
b) Del 98 % de los envíos en 3 días hábiles en todo el territorio nacional.
c) Del 97 % de los envíos en 3 días hábiles en todo el territorio nacional.
d) Del 93 % de los envíos en 3 días hábiles en todo el territorio nacional.

45. Marca la respuesta correcta. La carta certificada urgente:

a) Únicamente se presta en el ámbito nacional, Andorra y Gibraltar.
b) En el ámbito internacional, desde la entrada en vigor de las tarifas para 2020, se elimina de la cartera de productos, manteniéndose exclusivamente para clientes con contrato en vigor hasta finalización o renovación del mismo. No se comercializan en Oficinas, ni en nuevos contratos.

c) Tiene un plazo comprometido de entrega no superior a 1 día hábil para todos los países de la zona 1 (Europa).

d) Permite, como sistema de pago, el franqueo pagado, tanto para clientes con contrato como sin contrato.

46. Identifica la alternativa que contenga más productos de la línea urgente:

a) Carta certificada urgente, Paquete Internacional Light, valijas.

b) Valijas, paquete internacional prioritario, Paq Estándar.

c) Carta urgente, paquete azul, publibuzón, carta certificada.

d) Paq Premium Internacional, Paq Standard Internacional, publibuzón.

47. Indica la respuesta correcta sobre el Paquete Internacional Light:

a) Puede pesar hasta un máximo de 30 kilos.

b) Se trata de un envío no registrado con seguimiento en la web de Correos.

c) Puede admitirse con valor declarado.

d) Actualmente se presta a todos los países pertenecientes a la UPU, sin límite de peso.

48. De entre las siguientes formas de pago de la Carta Ordinaria Urgente Nacional no figuran:

a) Sellos.

b) Estampillas.

c) Cheque.

d) Franqueo pagado en oficina.

49. En relación con el Paquete Internacional Light podemos decir que:

a) Es un producto que se presta en nuestro país, solamente en exportación.

b) Se trata de un producto registrado.

c) Se entregará en destino en un plazo de tres a cinco días en los principales destinos europeos.

d) Requiere firma del destinatario en su entrega.

50. En relación con la Carta Urgente Nacional indica la respuesta errónea:

a) Su peso máximo será de 500 gramos.

b) Sus medidas recomendadas serán las correspondientes a las cartas normalizadas, salvo su espesor máximo que será de 10 mm.

c) Su plazo de entrega nacional será de 1 día hábil (si el depósito se realiza en oficinas antes de las 16:00 o en los Centros de admisión masiva antes de las 19:00 para clientes con contrato, siempre que vaya dirigido a grandes poblaciones).

d) Sus dimensiones máximas: Sobre/Caja L A A = 90 cm sin que la mayor exceda de 60 cm/Tubo/Rollo L 2D = 104 cm sin que la mayor exceda de 90 cm.

51. ¿Cuál es el plazo comprometido para una carta internacional con destino Europa?

a) Entre 1 y 3 días hábiles.
b) Entre 1 y 2 días hábiles.
c) Entre 1 y 5 días hábiles.
d) De 2 a 4 días hábiles, en función del origen o destino.

52. Las cartas certificadas urgentes, pueden llevar una serie de valores añadidos. Señala aquel que no pueden llevar:

a) Aviso de recibo.
b) Prueba de Entrega Electrónica.
c) Recogida de envíos a domicilio (clientes con contrato).
d) Valor Declarado hasta 6.000 €.

53. Señala, en relación al acondicionamiento de las cartas certificadas urgentes, la respuesta incorrecta:

a) Todos los datos podrán estar indistintamente escritos a tinta o a lápiz.
b) Cerca del ángulo superior izquierdo del anverso los envíos llevarán incorporada una etiqueta con un código de barras en el caso de admisiones numerosas o en las llevadas a cabo en los SSRR.
c) Las cartas estarán cerradas y sin señales de haber sido abiertas y vueltas a cerrar.
d) Se generara una etiqueta autoadhesiva desde IRIS que se pegará en el ángulo superior derecho del anverso del envío.

54. ¿Cuál es el peso máximo del Paquete Internacional Light?

a) 2000 gramos.
b) 500 gramos.
c) 1000 gramos.
d) 750 gramos.

55. ¿Con qué letras se identifica el código de barras de la Carta Certificada Urgente Nacional?

a) AB.
b) RU.
c) LX.
d) CU.

56. Si hablamos de un producto nacional con una única entrega a domicilio, depósito en buzón y que tiene seguimiento, nos estamos refiriendo a:

a) Carta Urgente Certificada.
b) Paquete Internacional Light.

c) Carta Ordinaria Urgente.
d) Paq Premium Internacional.

57. Señala la respuesta correcta. Si queremos enviar un telegrama y tener constancia, vía telegráfica, de quién recibe el envío, la fecha y la hora, debemos solicitarlo con:

a) Un aviso de recibo.
b) Una prueba de entrega electrónica.
c) Un Aviso de llegada.
d) Un acuse de recibo.

58. Un fax público nacional tiene las siguientes modalidades de entrega:

a) Depósito en buzón.
b) Entrega en oficina previo aviso al destinatario.
c) Se dirigen exclusivamente a lista de correos.
d) Reparto a domicilio con categoría urgente o entrega en oficina cuando el cliente ha indicado como dirección apartado de correos o lista de correos.

59. Indica la respuesta incorrecta, en relación con los servicios telegráficos:

a) El acuse de recibo PC acompañará a telegramas tanto nacionales como internacionales.
b) Los telegramas pueden ser admitidos de forma telefónica.
c) El servicio Fax Clientes con Contrato se ofrece entre terminales de clientes con contrato y oficinas de Correos, con entrega urgente en domicilio, en oficina o en otro terminal telefax.
d) El servicio Fax Clientes con Contrato se da entre terminales de clientes con contrato y oficinas de Correos, con entrega urgente en domicilio, en oficina o en otro terminal telefax.

60. En relación con el nuevo servicio de Burofax, uno de los siguientes no se presta; señálalo:

a) Burofax Premium nacional.
b) Burofax Premium internacional.
c) Burofax básico plus.
d) Burofax Premium plus internacional.

61. En relación con la custodia del Burofax, ¿cuál es el plazo opcional en el ámbito nacional?

a) 60 meses.
b) 75 meses.
c) 90 meses.
d) 120 meses.

62. ¿Cuál de los siguientes servicios adicionales no le podremos ofrecer a un cliente que quiere depositar un telegrama desde Zaragoza para Santiago de Compostela?

a) Acuse de recibo.
b) Prueba de Entrega Electrónica.
c) Aviso de recibo.
d) Certificación de texto.

63. De entre los siguientes valores añadidos que ofrece el telegrama, uno no se presta. Indicarlo:

a) Acuse de recibo en al ámbito interior.
b) Prueba de entrega electrónica en el ámbito interior.
c) Aviso de recibo en el ámbito internacional.
d) Certificación de entrega en el ámbito interior.

64. La admisión del telegrama puede realizarse:

a) En oficina postal.
b) Por teléfono.
c) Oficina virtual y por el canal masivo (intercambio de ficheros).
d) Todas son correctas.

65. Un telegrama con la indicación "lista de telégrafos", acompañando a la dirección completa del destinatario. ¿Qué indica?

a) Se intentará su entrega a domicilio pasando a Lista en caso de ausencia del destinatario.
b) Se entregará en lista de telégrafos, pasando un aviso al domicilio del destinatario.
c) Se entrega indistintamente en cualquiera de las dos direcciones señaladas.
d) No puede ser admitido ya que ambas direcciones son incompatibles.

66. En caso de que un cliente nos solicitara información sobre el producto Burofax, no deberíamos decirle que:

a) Es un producto cuya admisión puede llevarse a cabo en Oficina postal, o a través de la Oficina Postal Virtual (OPV) / Mi Oficina.
b) En el ámbito nacional: España y las relaciones con Andorra. Los abonados y clientes esporádicos podrán expedir mensajes para entrega a domicilio, lista, apartado y con pago en destino a la entrega del producto al destinatario.
c) Tiene dos opciones, con contrato y sin contrato.
d) Tiene un precio fijo por burofax/fax y otro por cada página.

67. En relación con los servicios telegráficos no podemos señalar que:

a) Los telegramas se pueden entregar en Lista, Apartado o comunicar por teléfono o fax.
b) Existe la posibilidad de admitir telegramas por teléfono tanto para el ámbito nacional como para el internacional.

c) El Burofax Básico Plus es un producto exclusivamente para clientes con contrato.

d) El Burofax Nacional es aplicable en España, pero no en sus relaciones con Andorra.

68. En relación con los servicios adicionales del producto telegrama, señala cuál de ellos no puede acompañar al referido producto:

a) Aviso de recibo.

b) Acuse de recibo PC.

c) Aviso de servicio.

d) Copia certificada.

69. Indica la respuesta falsa respecto a los servicios adicionales que podrán acompañar al producto paquete azul:

a) Aviso de recibo modelo 35.

b) Reembolso.

c) Valor declarado.

d) Entrega exclusiva al destinatario.

70. Entre los servicios adicionales y complementarios del paquete azul se encuentra el de:

a) Aviso de servicio (servicio tasado).

b) Reembolso de hasta 2500 euros.

c) Valor declarado de hasta 6000 euros.

d) Recogida domiciliaria, aunque solo para clientes con contrato de recogida.

71. Señala la alternativa correcta referida al paquete azul:

a) El precio de este producto incluye la 2.ª entrega, que además podrá ser concertada con el destinatario.

b) En caso de devolución o reexpedición, deberá abonarse una nueva tasa.

c) A diferencia de otros productos de la línea urgente, a este producto no se le aplica en ningún caso el peso volumétrico.

d) La pérdida de un paquete azul será indemnizada con una cantidad variable en función del peso del envío.

72. El Paq Premium es un producto incluido dentro de la línea de paquetería y entre sus características podemos afirmar que:

a) Tiene ámbito internacional.

b) No admite seguro opcional.

c) Tiene seguimiento informatizado, con posibilidad de consultar en Internet y por teléfono.

d) No se ofrece con contrato.

73. De entre los siguientes envíos, ¿cuál presta Correos Express?

a) Paquete Light.
b) Paq Premium.
c) Paq Estándar.
d) Paq 10.

74. Teniendo en cuenta la normativa acerca del peso volumétrico y las medidas máximas, indica cuál es el peso máximo no real (es decir volumétrico) que puede alcanzar un paquete azul:

a) 20 kilos.
b) 50 kilos.
c) 33 kilos.
d) 40 kilos.

75. Señala, de entre los siguientes servicios adicionales del Paq Estándar, cuál no puede acompañarlo:

a) Valor declarado de paquetería (antes Seguro a todo riesgo).
b) Prueba de entrega electrónica.
c) Aviso de Recibo mod: CN 07
d) Entrega exclusiva al destinatario.

76. Indica, de entre las características que ofrece el Paquete Standard Internacional, cuál no es correcta:

a) No pueden circular con reembolso.
b) Estos envíos pueden dirigirse a domicilio, apartados o lista.
c) No pueden circular con aviso de recibo.
d) Según países, puede ir con seguro opcional de hasta 3.000 €.

77. El radio de un paquete azul en forma de rollo no podrá ser superior a:

a) 15 cm.
b) 12 cm.
c) 17 cm.
d) 7,5 cm.

78. Señala la respuesta correcta de entre las propuestas:

a) El Paq Premium se entrega exclusivamente a domicilio.
b) El peso real por bulto del Paq Premium es de 40 kilos.
c) El Paq 14 lo presta en exclusividad la S.E. Correos y Telégrafos S.A.
d) El sobre prepagado del Paq Premium puede pesar 1,5 kilos.

79. ¿Cuál de las siguientes características le es propia al sobre prepagado Paq/ Paq Premium de 1 kg de entre las indicadas?

a) Dimensiones de 40 x 50 cm.
b) En caso de demora, la devolución de la tarifa abonada.
c) Indemnización por pérdida o extravío de 30 €.
d) Ámbito nacional e internacional.

80. Con respecto a la ficha del Producto Paquete Azul, no encontraremos referencia alguna a:

a) Que se trata de un producto de ámbito internacional.
b) Que el plazo de entrega para Península, Baleares, Ceuta y Melilla es de 3 a 5 días hábiles, siendo en el caso de las Islas Canarias de 8 días hábiles.
c) Que el peso real máximo es hasta 20 kg.
d) Que el peso volumétrico máximo es hasta 50 kg.

81. El Paq Estándar está especialmente diseñado para cubrir todas las necesidades de transporte de nuestros clientes en especial del sector e-commerce. Por este motivo consta de cuatro modalidades de distribución. No obstante, en una de las señaladas, hay algún detalle que no se ajusta a la normativa, indica de cuál se trata:

a) Entrega en Domicilio: consta de 2 intentos de entrega y 15 días de permanencia en la Oficina de Referencia.
b) Entrega en Oficina de Referencia: el envío es dirigido directamente a la Oficina de Referencia de la dirección del destinatario, dispondrá de 15 días para recoger el mismo, consta de hasta 2 Avisos de Llegada físicos, con la posibilidad de reforzarlos mediante SMS y / o email.
c) Entrega en Oficina Elegida: el envío es dirigido a la oficina elegida dentro de las que disponen del servicio de punto de entrega de paquetería, el destinatario dispondrá de 20 días para recoger el mismo, se informará al destinatario mediante SMS y/o email, de que tiene a su disposición un envío en la oficina, además se enviarán mensajes de recordatorio de no producirse la recogida.
d) Logística Inversa: servicio que permite a los remitentes de los envíos depositar cualquier envío sin coste para ellos, siendo nuestro cliente (destinatario) el que se hace cargo del coste (actualmente este servicio se presta basado en el Paq Estándar de entrega en domicilio).

82. Si hablamos de un envío que puede contener cualquier objeto, producto, sustancia o materia cuya circulación esté permitida y que, teniendo o no, carácter comercial vaya cerrado, cuenta con la seguridad de ir certificado y ser entregado bajo firma del destinatario en el país de destino, dicho producto puede pesar hasta 30 kilos y está incluido en el servicio postal universal. ¿A cuál de los siguientes productos nos estaremos refiriendo?

a) Paquete Standard Internacional.
b) EPG.
c) Paquete Premium Internacional.
d) Paquete Internacional Económico.

83. Con respecto al Paq Premium señala la respuesta incorrecta:

a) Una de las modalidades de distribución se denomina: Entrega en Domicilio y consta de 2 intentos de entrega y 15 días de permanencia en la Oficina de Referencia. Modalidad disponible para clientes Particulares y con Contrato.

b) Este producto puede entregarse en Citypaq.

c) En cuanto al peso volumétrico máximo, este será de 50 kilos.

d) No se trata de un producto prestado por la Empresa Correos Express.

84. En relación con el Paq 14, señala de entre las siguientes proposiciones aquella que se considere falsa:

a) Se caracteriza por tener un compromiso de entrega antes de las 14 horas del mismo día de la admisión.

b) No es un producto que se incluya en la cartera de productos de Correos y Telégrafos.

c) El servicio adicional de "Entrega en Sábados" es un servicio especial aplicable a este producto.

d) Se trata de un producto propio de la Empresa del Grupo, Correos Express.

85. En relación con el Paq Today, señala la respuesta falsa:

a) Peso real hasta 5 kg.

b) Peso volumétrico hasta 10 kg.

c) Medidas de 39 x 39 x 29 cm.

d) Tiene una zona tarifaria provincial.

Solución al test n.º 3

1. c) En los procedimientos iniciados a solicitud del interesado, la notificación se practicará en el domicilio del interesado. Cuando ello no fuera posible, en cualquier lugar adecuado a tal fin.

2. c) Diez días naturales sin que se acceda al contenido.

3. c) Tres días siguientes. En caso de que el primer intento de notificación se haya realizado antes de las quince horas, el segundo intento deberá realizarse después de las quince horas y viceversa, dejando en todo caso al menos un margen de diferencia de tres horas entre ambos intentos de notificación.

4. c) La notificación se hará por medio de un anuncio publicado en el Boletín Oficial del Estado.

5. c) En el momento en que se produzca el acceso al contenido del acto notificado.

6. c) Cuando la notificación por medios electrónicos sea de carácter obligatorio, se entenderá rechazada cuando hayan transcurrido 10 días hábiles desde la puesta a disposición de la notificación sin que se acceda a su contenido.

7. a) Preferentemente por medios electrónicos y, en todo caso, cuando el interesado resulte obligado a recibirlas por esta vía.

8. b) Se deben realizar por medios electrónicos cuando el interesado esté obligado a recibirlas por esta vía.

9. c) Cuando la notificación se realice con ocasión de la comparecencia espontánea del interesado o su representante en las oficinas de asistencia en materia de registro y solicite la comunicación o notificación personal en ese momento.

10. c) Cuando para asegurar la eficacia de la actuación administrativa resulte necesario practicar la notificación por entrega directa de un empleado público de la Administración notificante.

11. b) Por reglamento.

12. b) Por reglamento.

13. b) Pero no para la práctica de notificaciones.

14. b) No se podrán notificar por medios electrónicos.

15. b) No se podrán notificar por medios electrónicos.

16. c) Son correctas las respuestas a) y b).

17. b) Deberán ser puestas a disposición del interesado en la sede electrónica de la Administración u Organismo actuante para que pueda acceder al contenido de las mismas de forma voluntaria.

18. b) Podrá hacerse cargo de la misma cualquier persona mayor de catorce años que se encuentre en el domicilio y haga constar su identidad.

19. d) Todas las respuestas anteriores son correctas.

20. a) Intento que se repetirá por una sola vez y en una hora distinta dentro de los tres días siguientes.

21. a) Intento que se repetirá por una sola.

22. c) El segundo debe realizarse después de las quince horas, y viceversa, dejando en todo caso al menos un margen de diferencia de tres horas entre ambos intentos de notificación.

23. a) Se le ofrecerá la posibilidad de que el resto de notificaciones se puedan realizar a través de medios electrónicos.

24. d) Todas las respuestas anteriores son correctas.

25. a) Se entenderán practicadas en el momento en que se produzca el acceso a su contenido.

26. c) Se entenderá rechazada cuando hayan transcurrido diez días naturales desde la puesta a disposición de la notificación sin que se acceda a su contenido.

27. c) Se entenderá rechazada cuando hayan transcurrido diez días naturales desde la puesta a disposición de la notificación sin que se acceda a su contenido.

28. c) La notificación se hará por medio de un anuncio publicado en el «Boletín Oficial del Estado».

29. c) La notificación se hará por medio de un anuncio publicado en el «Boletín Oficial del Estado».

30. c) La notificación se hará por medio de un anuncio publicado en el «Boletín Oficial del Estado».

31. c) Aviso de recibo y Reembolso.

32. b) Sí, para clientes con contrato.

33. d) 2 kg.

34. b) Americano.

35. b) 140.

36. d) Un objeto asegurado.

37. a) 2 kilogramos.

38. c) 39/2015.

39. c) Tendrán la consideración de carta los envíos de recibos, facturas, documentos de negocio, estados financieros y cualesquiera otros mensajes que no sean idénticos.

40. a) Local: 0 días hábiles.

41. a) Las notificaciones pueden ir acompañadas de Avisos de Recibo M 35 Plus 1 E (recogen un solo intento de entrega).

42. c) Objeto asegurado nacional.

43. b) Zona de franqueo.

44. d) Del 93 % de los envíos en 3 días hábiles en todo el territorio nacional.

45. b) En el ámbito internacional, desde la entrada en vigor de las tarifas para 2020, se elimina de la cartera de productos, manteniéndose exclusivamente para clientes con contrato en vigor hasta finalización o renovación del mismo. No se comercializan en Oficinas, ni en nuevos contratos.

46. a) Carta certificada urgente, Paquete Internacional Light, valijas.

47. b) Se trata de un envío no registrado con seguimiento en la web de Correos.

48. c) Cheque.

49. c) Se entregará en destino en un plazo de tres a cinco días en los principales destinos europeos.

50. d) Sus dimensiones máximas: Sobre/Caja L + A + A = 90 cm sin que la mayor exceda de 60 cm/Tubo/Rollo L + 2D = 104 cm sin que la mayor exceda de 90 cm.

51. d) De 2 a 4 días hábiles, en función del origen o destino

52. d) Valor Declarado hasta 6.000 €.

53. a) Todos los datos podrán estar indistintamente escritos a tinta o a lápiz.

54. a) 2000 gramos.

55. d) CU.

56. c) Carta ordinaria urgente.

57. d) Un acuse de recibo.

58. d) Reparto a domicilio con categoría urgente o entrega en oficina cuando el cliente ha indicado como dirección apartado de correos o lista de correos.

59. a) El Acuse de recibo PC acompañará a Telegramas tanto nacionales como internacionales.

60. d) Burofax Premium plus internacional.

61. d) 120 meses.

62. c) Aviso de recibo.

63. c) Aviso de recibo en el ámbito internacional.

64. d) Todas son correctas.

65. d) No puede ser admitido ya que ambas direcciones son incompatibles.

66. b) En el ámbito nacional: España y las relaciones con Andorra. Los abonados y clientes esporádicos podrán expedir mensajes para entrega a domicilio, lista, apartado y con pago en destino a la entrega del producto al destinatario.

67. d) El Burofax Nacional es aplicable en España, pero no en sus relaciones con Andorra.

68. a) Aviso de recibo.

69. d) Entrega exclusiva al destinatario.

70. d) Recogida domiciliaria, aunque solo para clientes con contrato de recogida.

71. a) El precio de este producto incluye la 2.ª entrega, que además podrá ser concertada con el destinatario.

72. c) Tiene seguimiento informatizado, con posibilidad de consultar en Internet y por teléfono.

73. d) Paq 10.

74. b) 50 kilos.

75. c) Aviso de Recibo mod. CN 07.

76. b) Estos envíos pueden dirigirse a domicilio, apartados o lista.

77. d) 7,5 cm.

78. b) El peso real por bulto del Paq Premium es de 40 kilos.

79. b) En caso de demora, la devolución de la tarifa abonada.

80. a) Que se trata de un producto de ámbito internacional.

81. c) Entrega en Oficina Elegida: el envío es dirigido a la oficina elegida dentro de las que disponen del servicio de punto de entrega de paquetería, el destinatario dispondrá de 20 días para recoger el mismo, se informará al destinatario mediante SMS y/o email, de que tiene a su disposición un envío en la oficina, además se enviarán mensajes de recordatorio de no producirse la recogida.

82. d) Paquete Internacional Económico.

83. c) En cuanto al peso volumétrico máximo este será de 50 kilos.

84. a) Se caracteriza por tener un compromiso de entrega antes de las 14 horas del mismo día de la admisión.

85. b) Peso volumétrico hasta 10 kg.

**Almacenamiento y movimientos de material. Traslado de carga.
La prevención de riesgos laborales en el manejo de cargas**

1. El almacenamiento de los productos sueltos, es decir, de aquellos que no están estructurados en forma de unidades de carga, se llama:

a) Almacenamiento en bloque.
b) Almacenamiento a granel.
c) Almacenamiento desordenado.
d) Almacenamiento caótico.

2. ¿Cuál de los siguientes métodos de almacenamiento permite un índice de optimización del espacio empleado del almacén del 100 %?

a) Almacenamiento en bloque mediante estanterías móviles.
b) Almacenamiento con pasillos utilizando carretillas trilaterales.
c) Almacenamiento con pasillos utilizando carretillas elevadoras contrapesadas.
d) Almacenamiento en bloque compacto.

3. La altura máxima de almacenamiento de materiales rígidos lineales es:

a) 3 metros.
b) 6 metros.
c) 10 metros.
d) 12 metros.

4. La altura máxima de carga sobre palet debe ser de:

a) 1,5 metros.
b) 3 metros.
c) 3,5 metros.
d) 6 metros.

5. La carga máxima conjunta recomendada en el almacenamiento mediante paletizado es:

a) 300 kg.
b) 500 kg.
c) 700 kg.
d) 1000 kg.

6. ¿Cuáles son los dos tipos de sistemas de almacenamiento en estanterías metálicas?

a) Almacenamiento cruzado y almacenamiento lineal.
b) Almacenamiento vertical y almacenamiento horizontal.
c) Almacenamiento rígido y almacenamiento flexible.
d) Almacenamiento móvil y almacenamiento estático.

7. No es un elemento del bastidor de una estantería metálica:

a) Puntal.
b) Diagonal.
c) Travesaño.
d) Placa base.

8. No es un paso recomendado para levantar una carga:

a) Planificar el levantamiento.
b) Agarre firme.
c) Evitar giros.
d) Levantamiento rápido.

9. Un instrumento manual con horquillas que eleva la carga unos pocos centímetros, lo justo para moverla, es:

a) El apilador.
b) La transpaleta.
c) La carretilla.
d) La plataforma con ruedas.

10. Un polipasto es:

a) Un sistema de poleas.
b) Una carretilla.
c) Un apilador.
d) Una transpaleta.

11. Respecto a la inclinación del tronco en la manipulación manual de cargas, es correcto afirmar que:

a) La manipulación de una carga vigilando el centro de gravedad disminuye el riesgo de lesión en la zona.
b) La postura correcta al manejar una carga es con el tronco inclinado.
c) La postura correcta al manejar una carga es con la espalda derecha.
d) La técnica de levantamiento de la carga no afecta para una correcta manipulación.

12. En general, el peso máximo que se recomienda no sobrepasar en la manipulación manual de cargas es de:

a) 25 kg.
b) 30 kg.
c) 50 kg.
d) 20 kg.

13. Unas condiciones ideales de manipulación manual de cargas incluyen:

a) Levantamientos rápidos y continuados.
b) Espalda inclinada hacia delante.
c) Manejo de la carga sin giros ni inclinaciones.
d) Sujeción del objeto con una posición de la muñeca en ángulo de 90º.

14. En relación con la manipulación manual de cargas, la primera obligación del empresario es:

a) La formación e información de los trabajadores.
b) La vigilancia de la salud.
c) Evaluar los riesgos.
d) Evitar la manipulación manual.

15. A efectos prácticos, la Guía Técnica para la evaluación y prevención de los riesgos derivados de la manipulación manual de cargas considera carga a los objetos de:

a) Más de 1 kg.
b) Más de 3 kg.
c) Más de 5 kg.
d) Menos de 60 kg.

16. El riesgo de lesión será menor:

a) Cuanto más alejada esté la carga del cuerpo.
b) Cuanto más se gire el tronco.

c) Cuanto menor sea la frecuencia de la manipulación.

d) Cuanto menor sea el tiempo de descanso entre manipulaciones.

17. La Guía Técnica para la evaluación y prevención de los riesgos derivados de la manipulación manual de cargas recomienda que la profundidad de la carga no supere:

a) Los 25 cm.

b) Los 35 cm.

c) Los 60 cm.

d) Los 90 cm.

18. Según la Guía Técnica para la evaluación y prevención de los riesgos derivados de la manipulación manual de cargas, desde el punto de vista preventivo, lo ideal es no transportar la carga una distancia superior a:

a) 1 metro.

b) 3 metros.

c) 5 metros.

d) 10 metros.

19. Cuando los trayectos de manipulación manual de cargas no superan los 10 metros, el peso máximo acumulado transportado en una jornada de 8 horas de trabajo será de:

a) 3.000 kg.

b) 6.000 kg.

c) 10.000 kg.

d) 12.000 kg.

20. Se recomienda que en locales interiores el rango de temperaturas para trabajos ligeros se encuentre entre:

a) 10º y 30º.

b) 14º y 25º.

c) 5º y 35º.

d) 20º y 24º.

21. ¿Cuál de las siguientes acciones en la manipulación manual de cargas es correcta?

a) Doblar las piernas manteniendo en todo momento la espalda derecha, y mantener el mentón metido. No flexionar demasiado las rodillas.

b) Juntar los pies para proporcionar una postura estable y equilibrada para el levantamiento.

c) Girar el tronco antes de cambiar de dirección.

d) Sujetar firmemente la carga empleando ambas manos y separarla del cuerpo.

22. Según la Guía Técnica para la evaluación y prevención de los riesgos deri-vados de la manipulación manual de cargas, aquellas cargas sin asas que pueden sujetarse flexionando la mano 90º alrededor de la carga, se consideran de:

a) Agarre óptimo.

b) Agarre bueno.

c) Agarre regular.

d) Agarre malo.

23. El desplazamiento vertical ideal de una carga es de:

a) Hasta 25 cm.

b) Hasta 50 cm.

c) Hasta 100 cm.

d) Hasta 175 cm.

24. Cuando se maneja una carga entre dos personas la capacidad de levanta-miento es:

a) La suma de sus capacidades individuales.

b) Dos tercios de la mayor de las capacidades de los dos trabajadores.

c) Dos tercios de la suma de sus capacidades individuales.

d) La mitad de la suma de sus capacidades individuales.

25. La Guía Técnica recomienda que no se deberían manipular cargas en postura sentada (siempre que sea en una zona próxima al tronco, evitando manipular car-gas a nivel del suelo o por encima del nivel de los hombros y giros e inclinaciones del tronco) de más de:

a) 3 kilos.

b) 5 kilos.

c) 10 kilos.

d) 15 kilos.

26. El stock de un almacén es:

a) La cantidad de mercancías que se tienen en depósito.

b) La variedad, o referencias, o artículos que tiene una empresa.

c) La cantidad de bienes adquiridos por la empresa destinados a la venta sin trans-formación.

d) El sistema de control que la empresa realiza sobre el tráfico de las existencias.

27. Las existencias que se almacenan debido a que no es posible predecir siempre con exactitud el programa de ventas y producción de un producto determinado, constituyen un:

a) Stock de anticipación.
b) Stock por fluctuación.
c) Stock sobrante.
d) Stock por tamaño de lote.

28. ¿Cuál de los siguientes métodos de valoración de existencias se basa en costes históricos?

a) FIFO.
b) LIFO.
c) PMP.
d) NIFO.

29. El documento que expide el comprador cuando solicita productos al proveedor es:

a) El albarán.
b) El pedido.
c) La factura.
d) La nota de abono.

30. El documento que acredita la entrega de un pedido, sin necesidad de indicar la cantidad a pagar como contraprestación, es:

a) El albarán.
b) El pedido.
c) La factura.
d) La nota de abono.

Solución al test n.º 4

1. b) Almacenamiento a granel.

2. d) Almacenamiento en bloque compacto.

3. b) 6 metros.

4. a) 1,5 metros.

5. c) 700 kg.

6. d) Almacenamiento móvil y almacenamiento estático.

7. c) Travesaño.

8. d) Levantamiento rápido.

9. b) La transpaleta.

10. a) Un sistema de poleas.

11. c) La postura correcta al manejar una carga es con la espalda derecha.

12. a) 25 kg.

13. c) Manejo de la carga sin giros ni inclinaciones.

14. d) Evitar la manipulación manual.

15. b) Más de 3 kg.

16. c) Cuanto menor sea la frecuencia de la manipulación.

17. b) Los 35 cm.

18. a) 1 metro.

19. c) 10.000 kg.

20. b) 14 y 25º.

21. a) Doblar las piernas manteniendo en todo momento la espalda derecha, y mantener el mentón metido. No flexionar demasiado las rodillas.

22. c) Agarre regular.

23. a) Hasta 25 cm.

24. c) Dos tercios de la suma de sus capacidades individuales.

25. b) 5 kilos.

26. a) La cantidad de mercancías que se tienen en depósito.

27. b) Stock por fluctuación.

28. c) PMP.

29. b) El pedido.

30. a) El albarán.

Objeto y principios básicos de la Ley 31/1995, de 8 de noviembre, de Prevención de Riesgos Laborales: Principios de la acción preventiva; concepto de salud y factores de riesgo; daños derivados del trabajo

1. ¿Cuál es la vigente Ley de Prevención de Riesgos Laborales?

a) Ley 32/1995, de 8 de noviembre.
b) Ley 30/1996, de 8 de noviembre.
c) Ley 31/1995, de 6 de noviembre.
d) Ley 31/1995, de 8 de noviembre.

2. La Ley de Prevención de Riesgos laborales, tiene por objeto:

a) Prevenir los accidentes en general.
b) Evitar riesgos en el recorrido al puesto de trabajo.
c) Promover la seguridad y la salud de los trabajadores.
d) Que cada vez haya menos accidentes de tráfico.

3. ¿Qué se entiende por "riesgo laboral"?

a) La posibilidad de que un trabajador sufra un determinado daño derivado del trabajo.
b) La posibilidad de que un trabajador sufra una enfermedad en el trabajo.
c) La posibilidad de que un trabajador sufra acoso.
d) El riesgo que supone el ir a trabajar.

4. Indica cuál es la definición de prevención:

a) La probabilidad racional de que un riesgo se materialice de forma inminente.
b) El estudio de los procesos potencialmente peligrosos para el trabajo.
c) Conjunto de actividades o medidas adoptadas o previstas en todas las fases de actividad de la empresa con el fin de evitar o disminuir los riesgos derivados del trabajo.
d) Posibilidad de que un trabajador sufra un determinado daño derivado del trabajo.

5. Según establece el art. 4 de la Ley 31/1995, de 8 de noviembre, de Prevención de Riesgos Laborales, se define como daños derivados del trabajo:

a) La posibilidad de que un trabajador sufra un determinado daño derivado del trabajo.
b) El que resulte probable racionalmente que se materialice en un futuro inmediato y pueda suponer y pueda suponer un daño grave para la salud de los trabajadores.
c) Las enfermedades, patologías o lesiones sufridas con motivo u ocasión del trabajo.
d) Cualquier máquina, aparato, instrumento o instalación utilizada en el trabajo.

6. Señale la respuesta incorrecta:

a) La Ley de Prevención de Riesgos Laborales se aplica a los operativos de Seguridad civil en casos de catástrofe.
b) La Ley de Prevención de Riesgos Laborales se aplica a las sociedades cooperativas.
c) En el ámbito de la relación laboral de carácter especial del servicio del hogar familiar, las personas trabajadoras tienen derecho a una protección eficaz en materia de seguridad y salud en el trabajo.
d) En los establecimientos penitenciarios, se adaptarán a la Ley de Prevención de Riesgos Laborales aquellas actividades cuyas características justifiquen una regulación especial.

7. Para calificar un riesgo desde el punto de vista de su gravedad, se valorarán conjuntamente la severidad del daño y:

a) La probabilidad de que se produzca.
b) La cantidad de trabajadores de la empresa.
c) La existencia o no de equipos individuales de protección.
d) Las condiciones de trabajo.

8. El derecho básico reconocido a los trabajadores por la Ley 31/1995, de 8 de noviembre, es:

a) La vigilancia de su estado de salud.
b) Una protección eficaz en materia de seguridad y salud en el trabajo.
c) La formación en materia preventiva.
d) La información, consulta y participación.

9. Entre los principios de la acción preventiva recogidos por el artículo 15 de la Ley de Prevención de Riesgos Laborales, no figura:

a) Evitar los riesgos.
b) Evaluar los riesgos que se puedan evitar.
c) Tener en cuenta la evolución de la técnica.
d) Dar las debidas instrucciones a los trabajadores.

10. En el marco de sus responsabilidades, el empresario realizará la prevención de los riesgos laborales mediante la integración en la empresa de:

a) Los equipos de protección individual.
b) Los Servicios de Prevención propios.

c) La actividad preventiva.
d) La normativa comunitaria.

11. Los instrumentos esenciales para la gestión y aplicación del Plan de prevención de riesgos laborales son:

a) La evaluación de riesgos y la planificación de la actividad preventiva.
b) La evaluación inicial de riesgos y la formación.
c) La planificación y la gestión de la actividad preventiva.
d) La identificación y la evaluación de los riesgos.

12. En relación a la vigilancia de la salud que ha de garantizar el empresario, el acceso a la información médica de carácter personal:

a) Se limitará al empresario y a los Servicios de Prevención propios.
b) Se limitará al Jefe inmediato del trabajador.
c) Sólo será accesible al propio trabajador.
d) Se limitará al personal médico y a las autoridades sanitarias que lleven a cabo la vigilancia.

13. Según la Ley de Prevención de Riesgos Laborales, es obligación de los trabajadores en materia de prevención de riesgos:

a) La protección eficaz en materia de seguridad y salud en el trabajo.
b) Utilizar correctamente los medios y equipos de protección facilitados por el empresario, de acuerdo con las instrucciones recibidas de éste.
c) Soportar el coste de las medidas relativas a la seguridad y la salud en el trabajo.
d) Desarrollar una acción permanente de seguimiento de la actividad preventiva.

14. Cuando los trabajadores estén expuestos a un riesgo grave e inminente con ocasión de su trabajo, y el empresario no adopte o no permita la adopción de las medidas necesarias para garantizar la seguridad y la salud de los trabajadores, la Ley 31/1995, de 8 de noviembre, de Prevención de Riesgos Laborales prevé que:

a) Los trabajadores afectados podrán paralizar la actividad.
b) El órgano de representación del personal instará formalmente al empresario a la adopción de las medidas necesarias.
c) Los Delegados de Prevención lo comunicarán a la autoridad laboral, que adoptará las medidas necesarias.
d) El órgano de representación de personal podrá acordar la paralización de la actividad.

15. El art. 23 de la LPRL establece la documentación que el empresario debe elaborar y conservar a disposición de la autoridad laboral. De las siguientes no está incluido:

a) El Plan de prevención de riesgos laborales.
b) Evaluación de los riesgos para la seguridad y la salud en el trabajo.

c) La planificación de la actividad laboral.

d) La relación de accidentes de trabajo y enfermedades profesionales que hayan causado al trabajador una incapacidad laboral superior a un día de trabajo.

16. El posible cambio de puesto de trabajo con riesgo para una trabajadora embarazada:

a) Deberá realizarse en caso de imposibilidad de adaptación del propio puesto.

b) Se hará previo informe en tal sentido del Servicio de Prevención.

c) Se determinará por el empresario, y dará información a los representantes de los trabajadores.

d) Se extenderá al período de lactancia.

17. ¿Cuándo se deben utilizar los equipos de protección individual?

a) Siempre.

b) Cuando los riesgos no hayan sido evaluados.

c) Cuando los riesgos no se puedan evitar o no puedan limitarse.

d) Cuando el trabajador lo estime oportuno.

18. Las trabajadoras embarazadas ¿tienen derecho a ausentarse del trabajo para la realización de exámenes prenatales y técnicas de preparación al parto?

a) Sí, con derecho a remuneración, previo aviso al empresario y justificación de la necesidad de su realización dentro de la jornada de trabajo.

b) Sí, con derecho a remuneración, sin necesidad de avisar al empresario ni justificar la necesidad de su realización dentro de la jornada de trabajo.

c) Sí, sin derecho a remuneración, previo aviso al empresario y justificación de la necesidad de su realización dentro de la jornada de trabajo.

d) No, en ningún caso.

19. En las empresas de hasta 30 trabajadores el Delegado de Prevención será:

a) El propio empresario.

b) El trabajador más antiguo.

c) El trabajador de mayor cualificación.

d) El delegado de personal.

20. Según la Ley de Prevención de Riesgos Laborales, se constituirá un Comité de Seguridad y Salud en todas las empresas o centros de trabajo que cuenten con:

a) 30 o más trabajadores.

b) 50 o más trabajadores.

c) 75 o más trabajadores.

d) 100 o más trabajadores.

21. El órgano paritario y colegiado de participación destinado a la consulta regular y periódica de las actuaciones de la empresa en materia de prevención de riesgos, es:

a) El Comité de Empresa.
b) El Consejo de Vigilancia de la Prevención.
c) La Comisión de Evaluación de Riesgos Laborales.
d) El Comité de Seguridad y Salud.

22. Conforme al artículo 38 de la Ley 31/1995, el Comité de Seguridad y Salud se reunirá al menos:

a) Quincenalmente.
b) Mensualmente.
c) Trimestralmente.
d) Semestralmente.

23. A efectos de determinar el número de Delegados de Prevención se tendrá en cuenta que, se computarán como trabajadores fijos de plantilla los trabajadores vinculados por contratos de duración determinada superior a:

a) 6 meses.
b) Un año.
c) Dos años.
d) Cuatro años.

24. A efectos de determinar el número de Delegados de Prevención se tendrá en cuenta que, los contratados por término de hasta un año se computarán según el número de días trabajados en el período de un año anterior a la designación. Se computarán como un trabajador más:

a) Cada 3 meses de trabajo o fracción.
b) Cada 6 meses de trabajo o fracción.
c) Cada cien días de trabajo o fracción.
d) Cada doscientos días de trabajo o fracción.

25. La función de vigilancia y control de la normativa sobre prevención de riesgos laborales corresponde:

a) A la Dirección General de Personal y Desarrollo Profesional.
b) A la Delegación Provincial de Trabajo.
c) A la Inspección de Trabajo y Seguridad Social.
d) Al Servicio de Medicina Preventiva.

26. Los representantes de los trabajadores con competencia en materia de prevención de riesgos laborales son:

a) Los miembros de la Junta de personal, Junta Facultativo y Junta de Enfermería.
b) Los técnicos de prevención de riesgos laborales.
c) El Servicio de Medicina Preventiva.
d) Los delegados de prevención.

27. ¿Qué se entiende por "riesgo laboral"?

a) La posibilidad de que un trabajador sufra un determinado daño derivado del trabajo.
b) La posibilidad de que un trabajador sufra una enfermedad en el trabajo.
c) La posibilidad de que un trabajador sufra acoso.
d) El riesgo que supone el ir a trabajar.

28. ¿Quién debe garantizar a los trabajadores la vigilancia periódica de su estado de salud en función de los riesgos inherentes al trabajo?

a) La Inspección de Trabajo.
b) El propio trabajador.
c) El empresario.
d) Las secciones sindicales.

29. El derecho básico reconocido a los trabajadores por la Ley 31/1995, de 8 de noviembre, es:

a) La vigilancia de su estado de salud.
b) Una protección eficaz en materia de seguridad y salud en el trabajo.
c) La formación en materia preventiva.
d) La información, consulta y participación.

30. Indicar cuál es la definición de prevención:

a) La probabilidad racional de que un riesgo se materialice de forma inminente.
b) El estudio de los procesos potencialmente peligrosos para el trabajo.
c) Conjunto de actividades o medidas adoptadas o previstas en todas las fases de actividad de la empresa con el fin de evitar o disminuir los riesgos derivados del trabajo.
d) Posibilidad de que un trabajador sufra un determinado daño derivado del trabajo.

31. Quedan bajo el ámbito de la Ley de Prevención de Riesgos Laborales:

a) La totalidad de las relaciones laborales reguladas en el Estatuto de los Trabajadores.
b) La totalidad de las relaciones laborales establecidas en el ámbito de las funciones públicas de policía y seguridad.
c) Las relaciones laborales de carácter especial del servicio del hogar familiar.
d) La totalidad de las relaciones laborales establecidas en los servicios operativos de protección civil y peritaje forense.

32. ¿Cuál es la vigente Ley de Prevención de Riesgos Laborales?

a) Ley 32/1995, de 8 de noviembre.
b) Ley 30/1996, de 8 de noviembre.
c) Ley 31/1995, de 6 de noviembre.
d) Ley 31/1995, de 8 de noviembre.

33. Entre los principios de la acción preventiva recogidos por el artículo 15 de la Ley de Prevención de Riesgos Laborales, no figura:

a) Evitar los riesgos.
b) Evaluar los riesgos que se puedan evitar.
c) Tener en cuenta la evolución de la técnica.
d) Dar las debidas instrucciones a los trabajadores.

34. ¿Cuántos delegados de prevención se deberán elegir en empresas entre 3001 y 4000 trabajadores?

a) 5.
b) 6.
c) 7.
d) 8.

35. En las empresas de hasta 30 trabajadores el Delegado de Prevención será:

a) El propio empresario.
b) El trabajador más antiguo.
c) El trabajador de mayor cualificación.
d) El delegado de personal.

36. Según la Ley de Prevención de Riesgos Laborales, se constituirá un Comité de Seguridad y Salud en todas las empresas o centros de trabajo que cuenten con:

a) 30 o más trabajadores.
b) 50 o más trabajadores.
c) 75 o más trabajadores.
d) 100 o más trabajadores.

37. Entre las obligaciones de los trabajadores recogidas por la Ley de Prevención de Riesgos Laborales, no figura:

a) Informar directamente al empresario de cualquier situación que entrañe riesgo para la seguridad o salud de los trabajadores.
b) Contribuir al cumplimiento de las obligaciones establecidas por la autoridad competente con el fin de proteger la seguridad y la salud de los trabajadores en el trabajo.

c) Cooperar con el empresario para que este pueda garantizar unas condiciones de trabajo que sean seguras y no entrañen riesgos para la seguridad y la salud de los trabajadores.

d) Utilizar correctamente los medios y equipos de protección facilitados por el empresario, de acuerdo con las instrucciones recibidas de este.

38. La Ley 31/1995, de 8 de noviembre, de Prevención de Riesgos Laborales, ¿se aplica a los empleados de la Administración Pública?

a) Sí, sin distinciones.
b) A los funcionarios sí, al personal laboral no.
c) Al personal laboral sí, a los funcionarios no.
d) No se aplica ni a funcionarios ni a personal laboral.

39. ¿Qué función corresponde a la Inspección de Trabajo y Seguridad Social?

a) Únicamente la función de vigilancia sobre prevención de riesgos laborales.
b) Únicamente la función de control de la normativa sobre prevención de riesgos laborales.
c) Tanto la función de vigilancia como la de control de la normativa sobre prevención de riesgos laborales.
d) Otras funciones, ajenas a la materia de prevención de riesgos laborales.

40. El órgano paritario y colegiado de participación destinado a la consulta regular y periódica de las actuaciones de la empresa en materia de prevención de riesgos, es:

a) El Comité de Empresa.
b) El Consejo de Vigilancia de la Prevención.
c) La Comisión de Evaluación de Riesgos Laborales.
d) El Comité de Seguridad y Salud.

41. El órgano científico técnico especializado de la Administración General del Estado que tiene como misión el análisis y estudio de las condiciones de seguridad y salud en el trabajo, así como la promoción y apoyo a la mejora de las mismas, es:

a) El Instituto Nacional de Seguridad y Salud en el Trabajo.
b) La Comisión Nacional de Seguridad y Salud en el Trabajo.
c) El Instituto Carlos III.
d) El Centro Nacional de Promoción y Cuidados de la Salud.

42. La Presidencia de la Comisión Nacional de Seguridad y Salud en el Trabajo, corresponde a:

a) El titular del Ministerio competente en materia de Sanidad.
b) El titular del Ministerio competente en materia de Empleo.
c) El Secretario de Estado de Empleo.
d) El Director del Instituto Nacional de Seguridad y Salud en el Trabajo.

43. ¿Qué capítulo de la Ley 31/1995, de Prevención de Riesgos Laborales se refiere a los derechos y obligaciones?

a) Capítulo 2.
b) Capítulo 3.
c) Capítulo 4.
d) Capítulo 5.

44. El empresario deberá constituir un servicio de prevención propio siempre que se trate de empresas que cuenten con:

a) Más de 500 trabajadores.
b) Menos de 250 trabajadores.
c) Más de 250 trabajadores.
d) Más de 250 y menos de 500 trabajadores.

45. La acción preventiva en la empresa:

a) Se planificará por el Comité de Seguridad y Salud a partir de una evaluación inicial de riesgos.
b) Se planificará por los Delegados de Prevención a partir de una evaluación inicial de riesgos.
c) Se planificará por el empresario a partir de una evaluación inicial de riesgos.
d) Se planificará por los Delegados de Personal a partir de una evaluación inicial de riesgos.

46. A efectos de determinar las capacidades y aptitudes necesarias para la evaluación de riesgos y el desarrollo de la actividad preventiva, las funciones a realizar se clasifican en tres grupos de cualificación: nivel básico, nivel intermedio y nivel superior. "Participar en la planificación de la actividad preventiva y dirigir las actuaciones a desarrollar en caso de emergencia y primeros auxilios", es una función correspondiente a:

a) Nivel básico.
b) Nivel intermedio y superior.
c) Nivel superior.
d) Nivel básico e intermedio.

47. ¿Cuándo se deben utilizar los equipos de protección individual?

a) Siempre.
b) Cuando los riesgos no hayan sido evaluados.
c) Cuando los riesgos no se puedan evitar o no puedan limitarse.
d) Cuando el trabajador lo estime oportuno.

48. Cuando los trabajadores estén expuestos a un riesgo grave e inminente con ocasión de su trabajo, y el empresario no adopte o no permita la adopción de las medidas necesarias para garantizar la seguridad y la salud de los trabajadores, la Ley 31/1995, de 8 de noviembre, de Prevención de Riesgos Laborales prevé:

a) Los trabajadores afectados podrán paralizar la actividad.

b) El órgano de representación del personal instará formalmente al empresario a la adopción de las medidas necesarias.

c) Los Delegados de Prevención lo comunicarán a la autoridad laboral, que adoptará las medidas necesarias.

d) El órgano de representación de personal podrá acordar la paralización de la actividad.

49. ¿Pueden los trabajadores efectuar propuestas al empresario y a los órganos de participación para mejorar los niveles de protección de la seguridad y salud en la empresa?

a) No.

b) Sí.

c) Según el tamaño de la empresa.

d) Según el número de trabajadores.

50. Según establece el art. 4 de la Ley 31/1995, de 8 de noviembre, de Prevención de Riesgos Laborales, se define como daños derivados del trabajo:

a) La posibilidad de que un trabajador sufra un determinado daño derivado del trabajo.

b) El que resulte probable racionalmente que se materialice en un futuro inmediato y pueda suponer un daño grave para la salud de los trabajadores.

c) Las enfermedades, patologías o lesiones sufridas con motivo u ocasión del trabajo.

d) Cualquier máquina, aparato, instrumento o instalación utilizada en el trabajo.

51. ¿Debe el trabajador prestar su consentimiento para que le realicen vigilancia de la salud?

a) No.

b) Sí.

c) Depende del número de trabajadores de la empresa.

d) Esta prestación es solo para personal fijo en la empresa.

52. El art. 21 de la LPRL establece los requisitos y el procedimiento para que los representantes legales de los trabajadores acuerden la paralización de la actividad de los trabajadores que están o puedan estar expuestos a un riesgo grave e inminente si el empresario no adopta las medidas necesarias para garantizar la seguridad y salud de los trabajadores. La medida será adoptada por:

a) Acuerdo por mayoría absoluta de sus miembros. Tal acuerdo será comunicado de inmediato a la empresa y a la autoridad laboral, la cual, en el plazo de 48 horas, anulará o ratificará la paralización acordada.

b) Acuerdo por mayoría de 2/3 de sus miembros. Tal acuerdo será comunicado de inmediato a la empresa y a la autoridad laboral, la cual, en el plazo de 24 horas, anulará o ratificará la paralización acordada.

c) Acuerdo por mayoría de sus miembros. Tal acuerdo será comunicado de inmediato a la empresa y a la autoridad laboral, la cual, en el plazo de 48 horas, anulará o ratificará la paralización acordada.

d) Acuerdo por mayoría de sus miembros. Tal acuerdo será comunicado de inmediato a la empresa y a la autoridad laboral, la cual, en el plazo de 24 horas, anulará o ratificará la paralización acordada.

53. El art. 23 de la LPRL establece la documentación que el empresario debe elaborar y conservar a disposición de la autoridad laboral. En las siguientes no está incluido:

a) El Plan de prevención de riesgos laborales.

b) Evaluación de los riesgos para la seguridad y la salud en el trabajo.

c) La planificación de la actividad laboral.

d) La relación de accidentes de trabajo y enfermedades profesionales que hayan causado al trabajador una incapacidad laboral superior a un día de trabajo.

54. El art. 29 de la LPRL establece las obligaciones de los trabajadores en materia de prevención de riesgos. De las siguientes no se considera una obligación del trabajador:

a) Utilizar correctamente los medios y equipos de protección facilitados por el empresario, de acuerdo con las instrucciones recibidas de este.

b) Usar adecuadamente, de acuerdo con su naturaleza y los riesgos previsibles, las máquinas, aparatos, herramientas, sustancias peligrosas, equipos de transporte y, en general, cualesquiera otros medios con los que desarrollen su actividad.

c) Informar de inmediato a su superior jerárquico directo, y a los trabajadores designados para realizar las actualizaciones que consideren oportunas en el equipo de protección individual.

d) No poner fuera de funcionamiento y utilizar correctamente los dispositivos de seguridad existentes o que se instalen en los medios relacionados con su actividad o en los lugares de trabajo en los que esta tenga lugar.

55. Con relación a la protección y prevención de riesgos profesionales, el art. 30 de la LPRL, establece que:

a) En cumplimiento del deber de prevención de riesgos profesionales, el empresario, podrá designar, exclusivamente, uno o varios trabajadores para ocuparse de dicha actividad.

b) En las empresas de más de seis trabajadores, el empresario podrá asumir personalmente las funciones relativas a la protección y prevención de riesgos profesionales, con los requisitos que marca esta ley.

c) En ningún caso el empresario podrá asumir estas funciones, que serán desempeñadas exclusivamente por los trabajadores.

d) En las empresas de menos de once trabajadores, el empresario podrá asumir personalmente las funciones relativas al deber de prevención de riesgos profesionales, con los requisitos que marca esta ley.

56. Según el art. 32 de la LPRL, en relación con las mutuas de accidente de trabajo y enfermedades profesionales, es cierto que:

a) En ningún caso podrán desarrollar para empresas las funciones correspondientes a los servicios de prevención.

b) Podrán desarrollar, para las empresas a ellas asociadas, las funciones correspondientes a los servicios de prevención, sin ningún tipo de restricción.

c) Podrán desarrollar, para las empresas a ellas asociadas, las funciones correspondientes a los servicios de prevención, siempre que hayan sido objeto de acreditación por la Administración Laboral y previa aprobación de la Administración Sanitaria en cuanto a los aspectos de carácter sanitario.

d) Podrán desarrollar, libremente, las funciones correspondientes a los servicios de prevención de las empresas que así se los soliciten.

57. Señalar la afirmación incorrecta en relación con el art. 35 de la LPRL:

a) Los Delegados de Prevención son los representantes de los trabajadores con funciones específicas en materia de prevención de riesgos en el trabajo.

b) Los Delegados de Prevención serán designados por y entre los representantes del personal.

c) En una empresa de dos mil quinientos trabajadores existirán 6 Delegados de Prevención.

d) En las empresas de treinta y un trabajadores el Delegado de Prevención será el Delegado de Personal.

58. La información y formación de los trabajadores debe ser asesorada y apoyada a la empresa por:

a) Por los Delegados de Prevención.
b) Por las Secciones Sindicales.
c) Por la Inspección de Trabajo y Seguridad Social.
d) Por los Servicios de Prevención.

59. El art. 2 del Real Decreto 39/1997, de 17 de enero, por el que se aprueba el Reglamento de los Servicios de Prevención, regula el plan de Prevención. Dicho Plan debe incluir una serie de elementos. Señalar cuál de los siguientes es incorrecto:

a) La identificación de la empresa, de su actividad productiva, el número y características de los centros de trabajo y el número de trabajadores y sus características con relevancia en la prevención de riesgos laborales.

b) La elección de equipos de trabajo, sustancias o preparados químicos, la introducción de nuevas tecnologías o la modificación en el acondicionamiento de los lugares de trabajo.

c) La organización de la prevención en la empresa, indicando la modalidad preventiva elegida y los órganos de representación existentes.

d) La política, los objetivos y metas que en materia preventiva pretende alcanzar la empresa, así como los recursos humanos, técnicos, materiales y económicos de los que va a disponer al efecto.

60. El art 14 del RSP regula los distintos supuestos en los que es obligatorio constituir un Servicio de Prevención propio. Señalar la respuesta incorrecta:

a) Que se trate de una empresa que cuente con más de 500 trabajadores.

b) Que tratándose de empresas de entre 250 y 500 trabajadores, desarrollen alguna de las actividades en el Anexo II.

c) Que, tratándose de empresas no incluidas en los apartados anteriores, así lo decida la autoridad laboral, con los requisitos que marca la normativa referenciada, salvo que se opte por el concierto con una entidad especializada ajena a la empresa.

d) Que tratándose de empresas de entre 250 y 500 trabajadores, desarrollen alguna de las actividades en el Anexo I.

61. Los instrumentos esenciales para la gestión y aplicación del Plan de Prevención de Riesgos Laborales son:

a) La evaluación de riesgos y la planificación de la actividad preventiva.

b) La evaluación inicial de riesgos y la formación.

c) La planificación y la gestión de la actividad preventiva.

d) La identificación y la evaluación de los riesgos.

62. El posible cambio de puesto de trabajo con riesgo para una trabajadora embarazada:

a) Deberá realizarse en caso de imposibilidad de adaptación del propio puesto.

b) Se hará previo informe en tal sentido del Servicio de Prevención.

c) Se determinará por el empresario, y dará información a los representantes de los trabajadores.

d) Se extenderá al período de lactancia.

63. La prevención de riesgos laborales deberá integrarse en el sistema general de gestión de la empresa a través de:

a) La política preventiva.

b) El plan de prevención.

c) El consenso de las partes.

d) El poder de decisión del empresario.

64. El título del capítulo II de la Ley 31/1995 Prevención de Riesgos Laborales, corresponde a:

a) Derechos y obligaciones.
b) Servicios de Prevención.
c) Política en materia de prevención de riesgos para proteger la seguridad y la salud en el trabajo.
d) Responsabilidad y sanciones.

65. Las normas reglamentarias en materia de prevención las dicta:

a) El Gobierno, a través de las correspondientes normas reglamentarias y previa consulta a las organizaciones sindicales y empresariales más representativas.
b) Los Delegados de Prevención.
c) Los Delegados de Prevención y el Empresario.
d) El Empresario.

66. La Comisión Nacional de Seguridad y Salud en el Trabajo está compuesta por:

a) Representantes de las organizaciones sindicales y empresariales.
b) Un representante de cada una de las Comunidades Autónomas y representantes de las organizaciones sindicales y empresariales.
c) Representantes de la Administración y representantes de las organizaciones sindicales y empresariales.
d) Un representante de cada una de las Comunidades Autónomas y por igual número de miembros de la Administración General del Estado y, paritariamente con todos los anteriores, por representantes de las organizaciones empresariales y sindicales más representativas.

67. El color de seguridad para las señales de advertencia es:

a) El rojo.
b) El azul.
c) El verde.
d) El amarillo o amarillo anaranjado.

68. Las señales de prohibición tendrán forma:

a) Rectangular.
b) De rombo.
c) Redonda.
d) Cuadrada.

69. Se utilizan pictogramas blancos sobre fondo verde para:

a) Señales relativas a los equipos de lucha contra incendios.
b) Señales de salvamento o socorro.

c) Señales de advertencia.
d) Señales de obligación.

70. En relación con el uso de señales acústicas de seguridad, es correcto:

a) El uso simultáneo de dos señales acústicas.
b) El uso de una señal acústica cuando el ruido ambiental ya es demasiado intenso.
c) El sonido de una señal de evacuación deberá ser continuo.
d) Si un dispositivo puede emitir señales acústicas con un tono o intensidad variables o intermitentes, o con un tono o intensidad continuos, se utilizarán las segundas para indicar, por contraste con las primeras, un mayor grado de peligro o una mayor urgencia de la acción requerida.

71. En los locales de trabajo, la altura mínima de las barandillas es de:

a) 50 cm.
b) 60 cm.
c) 90 cm.
d) 1 metro.

72. Las escaleras de mano simples se colocarán, en la medida de lo posible, formando un ángulo con la horizontal de aproximadamente:

a) 30º.
b) 45º.
c) 60º.
d) 75º.

73. En relación con las vías y salidas de evacuación es correcto que:

a) Las puertas de emergencia deberán abrirse hacia el interior.
b) Las puertas de emergencia más recomendables son las giratorias y las correderas.
c) Las puertas de emergencia deberán cerrarse con llave.
d) Las puertas situadas en los recorridos de las vías de evacuación se deberán poder abrir en cualquier momento desde el interior sin ayuda especial.

74. La temperatura de los locales donde se realicen trabajos sedentarios propios de oficinas o similares estará comprendida entre:

a) 20 y 24 ºC.
b) 17 y 27 ºC.
c) 14 y 25 ºC.
d) 18 y 20 ºC.

Solución al test n.º 5

1. d) Ley 31/1995, de 8 de noviembre.

2. c) Promover la seguridad y la salud de los trabajadores.

3. a) La posibilidad de que un trabajador sufra un determinado daño derivado del trabajo.

4. c) Conjunto de actividades o medidas adoptadas o previstas en todas las fases de actividad de la empresa con el fin de evitar o disminuir los riesgos derivados del trabajo.

5. c) Las enfermedades, patologías o lesiones sufridas con motivo u ocasión del trabajo.

6. a) La Ley de Prevención de Riesgos Laborales se aplica a los operativos de Seguridad civil en casos de catástrofe.

7. a) La probabilidad de que se produzca.

8. b) Una protección eficaz en materia de seguridad y salud en el trabajo.

9. b) Evaluar los riesgos que se puedan evitar.

10. c) La actividad preventiva.

11. a) La evaluación de riesgos y la planificación de la actividad preventiva.

12. d) Se limitará al personal médico y a las autoridades sanitarias que lleven a cabo la vigilancia.

13. b) Utilizar correctamente los medios y equipos de protección facilitados por el empresario, de acuerdo con las instrucciones recibidas de éste.

14. d) El órgano de representación de personal podrá acordar la paralización de la actividad.

15. c) La planificación de la actividad laboral.

16. a) Deberá realizarse en caso de imposibilidad de adaptación del propio puesto.

17. c) Cuando los riesgos no se puedan evitar o no puedan limitarse.

18. a) Sí, con derecho a remuneración, previo aviso al empresario y justificación de la necesidad de su realización dentro de la jornada de trabajo.

19. d) El delegado de personal.

20. b) 50 o más trabajadores.

21. d) El Comité de Seguridad y Salud.

22. d) Semestralmente.

23. b) Un año.

24. d) Cada doscientos días de trabajo o fracción.

25. c) A la Inspección de Trabajo y Seguridad Social.

26. d) Los delegados de prevención.

27. a) La posibilidad de que un trabajador sufra un determinado daño derivado del trabajo.

28. c) El empresario.

29. b) Una protección eficaz en materia de seguridad y salud en el trabajo.

30. c) Conjunto de actividades o medidas adoptadas o previstas en todas las fases de actividad de la empresa con el fin de evitar o disminuir los riesgos derivados del

31. a) La totalidad de las relaciones laborales reguladas en el Estatuto de los Trabajadores.

32. d) Ley 31/1995, de 8 de noviembre.

33. b) Evaluar los riesgos que se puedan evitar.

34. c) 7.

35. d) El delegado de personal.

36. b) 50 o más trabajadores.

37. a) Informar directamente al empresario de cualquier situación que entrañe riesgo para la seguridad o salud de los trabajadores.

38. a) Sí, sin distinciones.

39. c) Tanto la función de vigilancia como la de control de la normativa sobre prevención de riesgos laborales.

40. d) El Comité de Seguridad y Salud.

41. a) El Instituto Nacional de Seguridad y Salud en el Trabajo.

42. c) El Secretario de Estado de Empleo.

43. b) Capítulo 3.

44. a) Más de 500 trabajadores.

45. c) Se planificará por el empresario a partir de una evaluación inicial de riesgos.

46. b) Nivel intermedio y superior.

47. c) Cuando los riesgos no se puedan evitar o no puedan limitarse.

48. d) El órgano de representación de personal podrá acordar la paralización de la actividad.

49. b) Sí.

50. c) Las enfermedades, patologías o lesiones sufridas con motivo u ocasión del trabajo.

51. b) Sí.

52. d) Acuerdo por mayoría de sus miembros. Tal acuerdo será comunicado de inmediato a la empresa y a la autoridad laboral, la cual, en el plazo de 24 horas, anulará o ratificará la paralización acordada.

53. c) La planificación de la actividad laboral.

54. c) Informar de inmediato a su superior jerárquico directo, y a los trabajadores designados para realizar las actualizaciones que consideren oportunas en el equipo de protección individual.

55. d) En las empresas de menos de once trabajadores, el empresario podrá asumir personalmente las funciones relativas al deber de prevención de riesgos profesionales, con los requisitos que marca esta ley.

56. a) En ningún caso podrán desarrollar para empresas las funciones correspondientes a los servicios de prevención.

57. d) En las empresas de treinta y un trabajadores el Delegado de Prevención será el Delegado de Personal.

58. d) Por los Servicios de Prevención.

59. b) La elección de equipos de trabajo, sustancias o preparados químicos, la introducción de nuevas tecnologías o la modificación en el acondicionamiento de los lugares de trabajo.

60. b) Que tratándose de empresas de entre 250 y 500 trabajadores, desarrollen alguna de las actividades en el Anexo II.

61. a) La evaluación de riesgos y la planificación de la actividad preventiva.

62. a) Deberá realizarse en caso de imposibilidad de adaptación del propio puesto.

63. b) El plan de prevención.

64. c) Política en materia de prevención de riesgos para proteger la seguridad y la salud en el trabajo.

65. a) El Gobierno, a través de las correspondientes normas reglamentarias y previa consulta a las organizaciones sindicales y empresariales más representativas.

66. d) Un representante de cada una de las Comunidades Autónomas y por igual número de miembros de la Administración General del Estado y, paritariamente con todos los anteriores, por representantes de las organizaciones empresariales y sindicales más representativas.

67. d) El amarillo o amarillo anaranjado.

68. c) Redonda.

69. b) Señales de salvamento o socorro.

70. c) El sonido de una señal de evacuación deberá ser continuo.

71. c) 90 cm.

72. d) 75º.

73. d) Las puertas situadas en los recorridos de las vías de evacuación se deberán poder abrir en cualquier momento desde el interior sin ayuda especial.

74. b) 17 y 27 ºC.

Cómo acceder al Curso

Subalterno/a (Personal Laboral Grupo 3)
Test del Temario

El uso de los códigos **es exclusivo de los compradores de los productos de Editorial MAD**. Cada producto posee un código único y de un solo uso. Es personal e intransferible y da acceso a servicios y contenidos adicionales. Editorial MAD se reserva el derecho de hacer cuantas comprobaciones sean necesarias para identificar al legítimo poseedor del código y dejar de dar servicio a quien haga uso fraudulento del mismo, además de emprender cuantas acciones legales estime oportunas según la legislación vigente.

Deberás acceder a:

mad.es/registro-campus

Si una vez aceptadas las condiciones de uso del Campus decides hacer uso del mismo, necesitarás del siguiente código de acceso junto con los códigos del resto de títulos que se exigen (si fuera el caso):

TEUGZMASN4